Meike Winnemuth * Peter Praschl
Illustrationen Kitty Kahane
Ein Tatsachenbericht über das Leben als Paar

Inhalt

Versuch und Irrtum — 6

Lob des Singletums — 8

Auf der Jagd — 12

Verständnisprobleme — 16

Das erste Mal — 18

Das zehnte Mal (das erste Mal nicht) — 22

Zu dir oder zu mir — 26

Im Kino — 30

Was ich dir noch sagen wollte — 34

Sags doch mit Blumen — 36

TV total — 40

Essen und Liebe — 42

Gemeinsames Konto — 44

Wie war dein Tag, Liebling? — 48

Zusammenziehen — 50

Ganz unten — 52

Für immer schön — 56

Sommer	58
Bodycheck	62
Echte Frauen, echte Männer	64
Après-Sex	68
Du kannst ruhig du zu mir sagen	70
Party-Paar	72
Die Ex-Files	76
Heiraten oder nicht?	78
Krank	82
Bei Ikea	86
Fröhliche Weihnachten	88
Wer ist hier der Boss?	92
Eifersucht	96
Langeweile	98
Glück	102
Jüngstes Gericht	104
Die Autoren	110

Versuch und Irrtum
Warum man das erste Date möglicherweise doch absagen sollte

SIE Man hat schlechte Laune. Man hat zwei Tage nichts gegessen, um in die einzige Hose zu passen, die man zu einer ersten Verabredung anziehen kann, weil sie der perfekte Ausdruck eines klassisch-modernen, lässig-erlesenen Geschmacks ist, um dann in letzter Sekunde doch noch das vor zwei Jahren im Schlussverkauf (»ein Schnäppchen! Nur 100000 Mark!«) erstandene arschcoole Prada-Kleid zum ersten Mal anzuziehen, das für einen Ahnungslosen – also für jeden nichtschwulen Mann – wie C&A 1974 aussieht und das außerdem unter den Achseln juckt.
Er hat Gel im Haar und Schuhe mit Metalltrensen an. O Gott. Man geht ins Kino. Man hat den passenden Film gefunden: ohne peinliche Liebesszenen, ohne Überlänge, ohne Sylvester Stallone. Wallace and Gromit. Das ist lustig, dauert 30 Minuten und danach weiß man alles, was man wissen muss: Kauft er Cola oder Cola light? Oder (um Himmels willen) zwei Pikkolo? Toffifee oder Weinland-Gummi? Oder (um Himmels willen) gar nichts? Legt er die Beine auf die Rückenlehne vor ihm? Singt er die Langnese-Werbung mit? Und vor allem: Nimmt er die ganze Zeit die Armlehne in Beschlag? Danach hat man entweder ganz plötzlich grässliche Migräne oder geht noch schnell was essen. Schlecht: Der Kellner begrüßt ihn mit Vornamen und wirft einem diesen Was-für-eine-Tusse-schleppt-er-denn-heute-an-Blick zu. Ganz schlecht: »Ich kenne da diese kleine Sushi-Bar, Toshiro macht den besten Kugelfisch der Welt.« Gut: Penne al'arrabiata, die einem die Tränen in die Augen treiben, und ein Glas Wein zu viel. Man redet. Schlecht: Er redet. Über seinen Job, seinen Boss, seinen Dienstwagen. Gut: Er findet auch, dass Synchronschwimmen das Beste an der Olympiade war. Man verabschiedet sich. Schlecht: Ich melde mich mal. Gut: Ich rufe dich morgen an. Sehr gut: Er tut es auch. Hervorragend: Man muss sich nie wieder zum ersten Mal verabreden.

ER Du fühlst dich prächtig. Du wirst ein gutes Abendessen bekommen und vielleicht noch mehr. Ihr habt euch auf ein Restaurant geeinigt, in dem es nicht bloß Dialog von Tofu mit Ruccola gibt. Du kannst getrost die Cargo-Hose anziehen und den Lieblingspulli vom vorvorletzten Urlaub. Du wirst ihren Wonderbra nicht zur Kenntnis nehmen, aber dafür ein möglichst originelles Kompliment anbringen. Zum Beispiel dass ihr Unterarmflaum im Gegenlicht so schön melodramatisch leuchtet. Sie wird dir dankbar sein dafür. Vor dem Essen geht man ins Kino. *Wallace and Gromit*, prima Spezialeffekte. Während des Films sagst du »besser als *Striptease*«, legst deinen Arm auf die Lehne, für den Fall, dass sie Händchen halten will. Aber das soll sie entscheiden.
Im Restaurant lässt du sie reden. Über ihren autistischen Exfreund, über ihr Faible für altenglische Teerosen und über ihre Bindungsangst. Dazu nickst du alle 20 Sekunden und guckst ihr tief in die Augen. Selbst erzählst du wenig. Höchstens, dass du die letzten zwei Jahre keinen Sex hattest, weil deine letzte Freundin an Leukämie starb und du ihr nicht untreu werden wolltest. Natürlich gelogen, aber bei Bewerbungsgesprächen ist alles erlaubt. Danach bringst du sie nach Hause. Vor der Tür sagst du, dass du leider nicht mit nach oben könntest – für den frühen Morgen hätte sich dein Patenkind angesagt, das große Herbstferien-Programm. Sie küsst dich, auf den Mund, du sollst sie anrufen, wenn du wieder Zeit hast, ganz sicher. Versprochen! Drei Tage später siehst du sie in deiner Lieblingskneipe mit einem langhaarigen Typen herumknutschen, der einen Anzug trägt, in dem ein Handy steckt. Du siehst, wie langsam seine Hand unter ihrem Rock hochwandert und wie sie versonnen lächelt. Hallo, sagst du, als sie an dir vorbei zum Ausgang taumeln. Aber sie erkennt dich nicht.

Lob des Singletums
Warum man das Bedürfnis nach einer Beziehung vielleicht doch unterdrücken sollte

SIE Es ist so: Man kommt nach Hause, lässt die Tasche im Flur fallen, hört den Anrufbeantworter ab, überlegt, ob man zurückruft, entscheidet sich dagegen, macht den Fernseher an, lässt sich mit der Fernbedienung aufs Sofa fallen und denkt nach zehn Minuten: Gut, eigentlich könnte man auch noch den Mantel ausziehen. Aber erst geht man in die Küche. Man öffnet den Kühlschrank. Man riecht an der Milch. Die Milch ist sauer, also stellt man sie wieder rein. Man packt ein Stück Käse aus, das hauptsächlich aus Rinde besteht. Die Rinde biegt sich schon ein bisschen. Man schneidet ein Stück Käse mit dem Kartoffelschälmesser aus der Spüle ab und packt den Rest der Rinde wieder ein. Man überlegt kurz, packt das abgeschnittene Stück Käse zu der Rinde und packt beides wieder in den Kühlschrank. Man steht mitten in der Küche, minutenlang, und denkt an nichts Bestimmtes. Im Haus gegenüber flackert ein Fernseher und man versucht aus der Frequenz des Flackerns zu erraten, welche Sendung der Rentner aus dem vierten Stock gerade guckt. Könnte »Matlock« sein. Er guck immer »Matlock«. Oder der Erotikthriller auf Pro Sieben. Man geht zurück ins Wohnzimmer und guckt im Programmheft, ob heute »Matlock« läuft. Nur um sicherzugehen. Dann zieht man den Mantel aus. Damit ist schon mal die erste Stunde des Abends rum.
Wenn man jetzt das Pech hätte, mit jemandem zusammenzuleben, einem Mann gar, ginge das alles nicht mehr. Aufs Sofa könnte man schon mal gar nicht, weil da schon einer läge, mit der Fernbedienung in der Hand. Man müsste den Mantel gleich ausziehen, weil man sonst blöd angequatscht würde. Man könnte nicht einfach so in der Küche stehen und aus dem Fenster gucken, weil da einer was vom Sofa rüberbrüllt, so was wie »Haben wir nicht noch Käse im Kühlschrank? Und ein Bier wäre auch nicht schlecht.« Ach, es sind nicht die Kompromisse, die die Idee einer Beziehung so unerfreulich machen. Es sind nicht die kleinen Nervereien am Morgen und am Abend und zwischendrin am Telefon, es sind nicht die Missverständnisse, nicht die prinzipielle und wissenschaftlich erwiesene Unvereinbarkeit von Männern und Frauen. Es ist einfach nur die Tatsache, dass man jederzeit, immer, rund um die Uhr zurechnungsfähig sein muss und nur Dinge tun darf, die man täte, wenn einem einer dabei zugucken würde. Denn es guckt einem einer zu. Immer. Auch wenn er gerade nicht hinsieht. Man kann, um es auf den Punkt zu bringen, nicht mehr einfach so in der Küche stehen und völlig sinnlos vor sich hin starren. Bedenkt es wohl. Das ist ein hoher Preis.

Lob des Singletums

ER Wenn ich sie jetzt anrufe, müssen wir uns am Freitag treffen. Aber am Freitag wollte ich mit Frank die neue Playstation beta-testen. Und das abzusagen, wäre wirklich peinlich, so eine Chance hat man nur einmal. Und am Samstag treffe ich mich grundsätzlich nicht mit Frauen. Samstag ist frauenfrei. Wenn ich da nachgäbe, wäre ich sowieso den ganzen Abend mies drauf, weil ich wüsste, dass die Jungs den viel besseren Spaß hätten. Erst gepflegt eine Runde Squash, dann gepflegt »ran« gucken und über die Dortmunder lästern und dann gepflegt versacken.
Ich meine, so etwas kann man mit einer Frau einfach nicht. Die will doch nicht versacken, die will schick ausgeführt werden und noch tanzen und dann, aber nur eventuell, wenn sie nicht zu müde ist oder ihre Tage hat oder gerade ein akutes Kuschelbedürfnis, könnte man noch eine Stunde Sex haben, vorausgesetzt, alles stimmt. Täte es aber nicht, weil ich die ganze Zeit an die Jungs denken müsste, und deswegen wäre ich muffig und deswegen würde sie sicher nicht mit mir Sex haben wollen. Sonntag geht natürlich auch nicht, weil ich am Sonntag beschissen aussehe, kann man nicht anders sagen, ist auch kein Wunder nach dem Samstag, und ich sehe gar nicht ein, dass ich mich zusammenreißen soll. Das Beste an Sonntagen ist doch, sich den ganzen Tag nicht zusammenreißen zu müssen. Im Bett liegen, Bild am Sonntag lesen, irgendein Video reinziehen, alles vollkrümeln, vielleicht noch ein bisschen rumchatten und ein paar E-Mails schreiben. Supersonntag. Kann man vergessen, wenn eine Frau im Spiel ist, da muss man wahrscheinlich spazieren gehen. Nein, zuerst zum Brunch, irgendwohin, wo lauter Internet-Yuppies brunchen, und dabei darfst du natürlich nicht beschissen aussehen, weil sie sich sonst schämt für dich. Montag geht auch nicht, erster Tag der Woche, keinen Bock, das Leben ist hart genug, da muss man sich nicht noch Rendezvous-Stress aufhalsen.
Wenn ich ihr aber sage, dass ich sie erst nächsten Dienstag sehen will, fragt sie sich sicher, warum erst in sechs Tagen und ob ich wirklich interessiert bin an ihr, ob ich vielleicht Angst vor Nähe habe. Und weil sie sich das fragt, werden wir am Dienstag natürlich über kurz oder lang so eine Frauenpsychodebatte haben, über Beziehungen und so, obwohl wir doch noch gar keine haben, und darauf habe ich nun wirklich keine Lust, da hätte ich Ulrike gar nicht erst verlassen müssen, das hatte ich schon. Also lassen wir das jetzt schön bleiben. So, wie das jetzt ist, halte ich das schon noch ein wenig aus. Und wirklich scharf war die ja auch nicht.

Auf der Jagd
Wo man ganz sicher den Partner für den Rest des Lebens findet

SIE Es gibt nur eine Methode, den Traummann fürs Leben zu finden: Man steckt gerade mitten in einer anderen Beziehung. Oder man hat beschlossen, den Job hinzuschmeißen und den gesamten Hausrat zu verkaufen, um ein Jahr auf Weltreise zu gehen. Oder man hat sich gerade die Haare abgeschoren, um ins Kloster zu gehen.
Dann, und nur dann, kommt er des Wegs. Nämlich dann, wenn man ihn nun wirklich überhaupt nicht gebrauchen kann. Alle anderen Methoden kann man vergessen.
Meine Freundin Karen hat ein Vermögen für Fitnessclub-Mitgliedschaften und Saisontickets für die Nordkurve ausgegeben, hat sich über Monate hinweg jeden Samstag von zehn bis vier im Supermarkt in der Nähe der Tiefkühlpizzen und Jever-Sixpacks herumgetrieben, in Volkshochschulkursen zu den Themenkomplexen »Schlagbohrmaschine für Anfänger« und »Excel-Tabellenverarbeitung für Fortgeschrittene« gelangweilt und in Hotelbars von Schrankwand-Vertretern mit Mickymaus-Krawatten belabern lassen. Und das Ergebnis? Eine ausgeprägte Wadenmuskulatur, Hausverbot im Stadion sowie im Supermarkt und ein Discount auf eine Schuhkippe, die nach zwei Wochen von der Wand fiel. Dann ließ sie sich fürs Kloster die Haare scheren und verknallte sich dabei in Jan, den einzigen heterosexuellen Friseur der Stadt. Und er sich in sie. Das zweite Kind kommt im Mai.
Man findet also nur, indem man nicht sucht. Man muss einfach nur die ganze Zeit in die andere Richtung gucken. Das dämliche Schicksal schießt einem dann eine Bananenflanke, und man muss nur noch verwandeln. Die Konsequenz? Es gibt keine. Sich beispielsweise in eine Beziehung mit einem x-beliebigen Hansel zu stürzen, um auf diese Weise den Traummann anzulocken – riskant, riskant. Andererseits ist es gar nicht so selten, dass sich der Hansel nach zwei Jahren ganz ungeplant als Traummann entpuppt.

Auf der Jagd

ER Im Supermarkt: Sie sah gut aus, wie sie in der Tiefkühltruhe nach den Scampi angelte. Ihr Ausschnitt war tief genug, dass man ihren BH sehen konnte. Schwarze Spitze, leicht transparent, sehr raffiniert. Und in ihrem Einkaufswagen lagen bloß eine Tafel Schokolade, eine Ananas, Sojasprossen, Buttermilch. Eindeutig ungebunden.
»Ich hab da mal eine Frage«, sagte ich in die Tiefkühltruhe hinein, »welcher Wein passt Ihrer Meinung nach am besten zu Tandoori-Huhn?«
»Machs dir doch selber!«, sagte die Tiefkühltruhe.
Im Fitness-Studio: Sie sah richtig scharf aus an der Abduktorenmaschine. Hohe Beinausschnitte, hohe Wangenknochen, hohe Schenkeldruckfrequenz.
»Hallo«, lächelte ich, nachdem ich das Laufband auf »Voralpen« programmiert hatte, »könntest du mir bitte sagen, was für meine anaerobische Wirkung am besten wäre, ich kenn mich da noch nicht so richtig aus.«
»Gerne«, keuchte sie und presste die Schenkel besonders fest zusammen, »versuchs mal mit einer kalten Dusche.«
Im Büro: Sie sah ziemlich lecker aus in ihrem Businesskostüm. Platinblond und Stahlgrau, aber was sie darunter trug, konnte man sich mit ein wenig Fantasie leicht ausmalen.
»Hallo«, sagte ich und setzte mich beim Meeting neben sie, »ich würde dir gerne die Konzeption für die neue Kampagne erklären, heute Abend um sechs vielleicht.« »Tut mir Leid«, sagte sie und sah mich aus eisgrauen Augen an, »um sechs muss ich mit dem Chef den Sozialplan besprechen. Übrigens, mach dir nichts draus, in deinem Alter findest du sicher ganz schnell was Neues.«
In der Bar: Sie sah empfänglich aus, wie sie an der Theke saß und mir zulächelte, als hätte sie auf mich gewartet. »Hallo«, sagte ich, »darf ich dir einen Drink spendieren?« »Du darfst«, sagte sie, »von mir aus auch zwei.«
»Ich bin heute gefeuert worden«, sagte ich.
»Dann sollten wir trinken«, sagte sie, »das wirkt am besten in solchen Situationen.«
»Ich fühle mich richtig beschissen«, sagte ich.
»Ich auch«, sagte sie, »kein Wunder bei der Hitze, ich bin völlig ausgetrocknet.«
»Kein Job und keine Frau«, sagte ich, »der perfekte Loser.«
»Du kannst mit mir schlafen«, sagte sie. »Ich mache dir auch einen guten Preis.«

Verständnisprobleme
Was Frauen an Männern nie begreifen werden und umgekehrt

SIE Ewige Rätsel der Männschheit: Dass sie Laetitia Casta wirklich attraktiv finden. Dass sie Mehmet Scholl wirklich attraktiv finden. Dass sie Zigarren gerade wegen des exquisit widerlichen, stinkigen Geschmacks rauchen. Dass sie erst dann sehen, dass man beim Friseur war, wenn ein halber Meter Haar fehlt und der Rest hellgrün ist. Dass es eine Steigerung der Lebensqualität bedeutet, die Klamotten abends auf den Boden fallen zu lassen und nicht auf den 20 Zentimeter entfernt stehenden Stuhl. Dass es internationale Vorschrift ist, eine halbe Stunde ziellos durch eine fremde Stadt zu fahren, bevor man endlich jemanden nach dem Weg fragen darf. Dass sie ernsthaft glauben, dass ein Telefon ausschließlich zur Übermittlung von Nachrichten da ist und dass es was bringt, wenn man die Haare quer über die Glatze kämmt. Dass sie ihre heiligste, geliebteste Platte aller Zeiten, »God« von »Rip, Rig & Panic« – diejenige, die keine Frau je berühren darf –, tagelang offen rumliegen und verstauben und verkratzen lassen, derweil ihr erklärtes Lieblings-Designerjackett langsam auf dem Grunde eines Kleiderhaufens kompostiert (20 Zentimeter neben dem Stuhl, wo sonst). Dass sie Ravioli kalt aus der Dose essen können, ohne sich dabei schlecht zu fühlen. Andererseits aber für die Herstellung einer Tomatensauce drei Töpfe, zwei Messer und vier Vorbereitungsschüsseln brauchen. Und dass die dann immer noch langweiliger als Miracoli schmeckt. Dass für sie ein Schnupfen tödlich, ein Puff geil und das Laden einer Waschmaschine undenkbar ist. Dass sie nicht täglich ihrem Herrgott auf Knien danken für die unverdiente Gnade, ohne die geringste sportliche Betätigung einen perfekten Hintern zu haben. Dass sie niemals selbst eine Beziehung beenden, sondern lieber eine Frau so lange zum Wahnsinn treiben, bis sie es tut. Dass für sie ein romantisches Geschenk eine Flasche 4711 aus dem Duty-free in Amsterdam ist. Dass sie uns lieben, obwohl sie uns doch kennen.

ER Was Männer an Frauen nicht verstehen? Tut mir Leid, dazu fällt mir nichts ein. Frauen sind nun mal überaus logisch, beängstigend widerspruchsfrei, kurzum: verständlich. Alles, was sie glauben, denken, tun, hat Hand und Fuß, Sinn und Verstand. Deswegen kommt ihr ja nicht klar mit uns - weil wir so irrational, so bescheuert, so asozial sind. Ihr dagegen habt für alles einen Grund, und zwar den besseren. Frauen mögen Brad Pitt, weil er einen leckeren Waschbrettbauch hat. Frauen sind von sexistischen »Spiegel«-Titelbildern genervt, weil sie keine Lustobjekte sein wollen. Frauen hassen Friseure, weil sie von ihnen doppelt so viel nehmen wie von Kerlen. Frauen rasieren ihre Bikinizone mit »Lady Shave«, weil der extra für Frauen gemacht wurde. Frauen leiden unter der Schönheitsdiktatur, weil niemand so aussieht wie Cindy und Naomi. Frauen jubilieren über Cellulite-Fotos von Gwyneth Paltrow, weil deren Beine noch verwüsteter aussehen als ihre eigenen. Frauen ziehen sogar beim Sex den Bauch ein, weil sie immer fetter sind, als sie sich erlauben. Frauen finden ein bisschen Bauch bei Männern gar nicht schlecht, weil das so schön weich ist. Frauen kaufen ihr achtes schwarzes Jackett, weil es ein supergünstiges Sonderangebot war. Frauen finden männliche fashion victims affig, weil es auf die inneren Werte ankommt. Frauen können nichts dafür, wenn sie fremdgehen, weil es entweder einfach passiert ist oder die Beziehung sowieso schon kaputt war. Frauen misstrauen Männern, weil sie früher oder später sowieso fremdgehen. Frauen finden Laetitia Casta doof, weil die immer ihren Busen so heraushängen lässt. Frauen tragen Wonderbras, weil Männer große Brüste lieben. Frauen wissen, dass in ihrer Beziehung etwas nicht mehr stimmt, weil er nicht mehr dreimal am Tag mit ihr schlafen will. Für Frauen ist Sex nicht so wichtig, weil Liebe mehr ist. Alles klar? Mir schon.

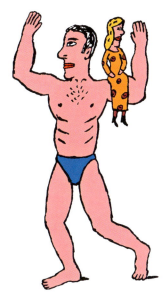

Das erste Mal
Wie man es schließlich doch schafft, miteinander ins Bett zu gehen

SIE Natürlich zu ihm. Wäre viel zu nervig, die eigene Wohnung aufzuräumen und einen todsicheren geheimen Platz für die Hanni-und-Nanni-Sammlung, die Blümchenkissen von Tante Lotti, die »Take That«-CDs und die Damenbart-Bleichcreme zu finden. Aus dem Kühlschrank müsste die Sprühsahne und der Liter-Tetrapak-Fertig-Grießbrei raus und irgendein netter Champagner rein. Und Oliven, ich habe irgendwo mal gelesen, dass es Männer gibt, die so Tricks mit Oliven draufhaben. Was immer das auch sein kann. Dann müsste man auch endlich mal die Bettwäsche wechseln, wobei die einzig saubere die rosa Flanellwäsche mit dem Schokofleck ist, der nie mehr rausgeht. Und die Glühbirnen in der Flurdeckenlampe auswechseln. Am besten gleich die ganze Wohnung wechseln. Nee, echt nicht. Für keinen Sex der Welt. Andererseits: Will man wirklich mitten in der Nacht in einer wildfremden Wohnung aufs Klo tappen, mit den Füßen gegen unidentifizierbare Gegenstände stoßen oder – noch schlimmer und noch wahrscheinlicher – auf einen eiskalten Badezimmerboden geraten, der so klebrig ist, dass man Fäden zieht beim Gehen?
Andererseits: Man kann zumindest gehen, wenn es ganz furchtbar wird. Nein: Man kann rennen. Man kann was von der Sieben-Uhr-Maschine nach Frankfurt murmeln oder dass einem ganz plötzlich eingefallen ist, die Großmutter noch ein letztes Mal am Sterbebett zu besuchen. Man kann nach Hause fliehen und sich mit Grießbrei in die rosa Flanellbettwäsche einrollen wie all die Abende zuvor.
Andererseits: Das ändert auch nichts. Denn irgendwann muss es sein. Dieses »Kommst du noch auf einen Kaffee mit rauf?« Dieses »Ist dir nicht viel zu warm in deinem Pulli?« Diese Angst, dieser Schrecken, diese Panik, diese eingezogenen Bäuche, dieses ungewohnte Atmen, diese andere Haut, diese fremden Geräusche. Irgendwann will es sein. Irgendwann will es rein. Jetzt. Hier. Heute. »Kommst du?«, fragt er sanft.
Ja. Natürlich. Hier bin ich.
Und das da drüben, das ist meine Damenbart-Bleichcreme.

Das erste Mal

ER Sie will es. Er will es. Jetzt sofort. Warum tun sie es dann nicht gleich, sondern erst dreißig Minuten später? Weil sie eine Frau ist und noch einiges klären muss. Nämlich: Ob, wenn sie gleich tut, was sie will, er von ihr denkt, dass sie eine Schlampe ist, die es nur deswegen mit ihm tut, weil sie scharf ist. Was zwar stimmt, er aber nicht wissen darf. Weil er sonst ein falsches Bild von ihr bekäme, und mit Männern, die sich ein falsches Bild von ihr machen, will sie es nicht tun. Sie will es nämlich nur mit einem Mann tun, der sie als Person respektiert, und als Person geht man nicht dann mit jemandem ins Bett, wenn man scharf ist, sondern erst dreißig Minuten später. Beim ersten Mal jedenfalls. Nur Tiere tun es sofort; Personen tun es später. Personen wissen, dass man einander respektieren muss, selbst wenn die Zunge der einen im Genital der anderen Person steckt, und dieser Respekt braucht Zeit, um wachsen zu können. In der Zeit, in der der Respekt wächst, fragt die eine Person die andere, ob sie vielleicht noch einen Kaffee will. Oder ein Glas Wein. Und die andere Person wühlt noch ein wenig anerkennend in der CD-Sammlung der einen Person. Oder so ähnlich. Und dann trinkt man noch gemeinsam ein Glas Wein. Und hört noch ein wenig der Musik zu. Und dazu küsst man einander ganz zart. Und bei besonders schönen Stellen guckt man einander ganz tief in die Augen. Und respektiert einander. Nach ungefähr drei Liedern macht die eine Person der anderen Person zwei Knöpfe auf. Und die andere Person wehrt sich nicht. Und die Hand der einen Person verirrt sich wie zufällig unter der Bluse der anderen Person. Und die Brustwarzen der anderen Person wachsen. Und der Respekt zwischen den beiden Personen schlagartig auch. Und dann sehen die beiden Personen einander ganz tief in die Augen. Und dann wechseln sie von der Couch ins Bett und reißen sich die Klamotten vom Leib und ficken wie die Tiere. Aber erst in dreißig Minuten. Weil wir keine Tiere sind, sondern Personen.

Das zehnte Mal
(das erste Mal nicht)
Wie man sich gegen die Macht
der Gewohnheit schützt

SIE Nicht heute Nacht, Liebling. Ich habe Migräne. Meine Katze ist gestorben, und ich habe so ein komisches Ziehen im Unterleib. Ich muss morgen ganz früh raus, außerdem ist heute der 14. Todestag von Cary Grant, das musst du einfach respektieren. Ich muss auch noch zu Karen, sie hat mal wieder Liebeskummer, und gleich fängt »Harald Schmidt« an, das willst du doch bestimmt nicht verpassen. Und überhaupt muss ich mir noch die Haare waschen. Zweimal.

Die erste Nacht, in der man nicht miteinander schläft, weil man einfach ums Verrecken keine Lust dazu hat, ist entscheidend für den Fortbestand der Beziehung. Sie ist sogar, um genau zu sein, der Beginn der Beziehung. Denn erst jetzt wird man den wahren Kern des Kerls kennen lernen. Steckt er es weg? Mufft er rum? Wird er lästig? Ist er trotzdem noch nett? Bittet er? Bettelt er? Leidet sein Ego? Leidet es sehr? Wie sehr? Die meisten Männer kriegen dann diesen »Ich habs ja gewusst, dass sie nur ein Cockteaser ist«-Blick. Ins Schicksal ergeben, aber leicht vorwurfsvoll. Wenn sie schlau sind, halten sie die Schnauze und gucken nur ein bisschen wie Dackel im Regen. Manchmal wirkt das ja. Wenn nicht, dann haben sie etwas viel Wichtigeres geschafft: Man hat ein unglaublich schlechtes Gewissen, diesen Zaubermann einfach so abblitzen zu lassen. Okay, nicht ein SO schlechtes Gewissen, dass man sich noch rumkriegen ließe, das dann auch wieder nicht. Aber schon schlecht genug, um am nächsten Tag ohne Murren die Wäsche aufzuhängen oder mit in »Die lange Arnold-Schwarzenegger-Nacht – Die frühen Meisterwerke« zu gehen. Clevere Männer setzen diesen Schuld- und Sühne-Komplex gezielt ein, wenn sie irgendwas völlig Unakzeptables durchdrücken wollen. Sagen wir: ein Champions-League-Spiel gucken, während gerade »Ally McBeal« läuft. Sie haben einen derart feinen sechsten Sinn für sexuelle Unlustschwingungen, dass sie es sogar riskieren, dann Sex zu wollen, wenn sie selber nicht den geringsten Bock haben. In der Hoffnung, abgelascht zu werden, um dann sagen zu können: »Auf tm3 hat übrigens gerade das Spiel angefangen.« Dagegen hilft nur der Gegenbluff: begeisterte Zustimmung bei der kleinsten Andeutung von Sex. Ehrlich: Das kegelt sie in 90 Prozent aller Fälle. Der Rest ist halt Risiko, und man muss doch noch ran. Kompliziert? Aber ja. Schließlich hat niemand je behauptet, dass dieser ganze Liebesquatsch einfach sein würde.

ER Es kommt die Nacht, und sie kommt viel früher, als du befürchtest, in der du keine Lust haben wirst, mit ihr ins Bett zu gehen. Aus keinem besonderen Grund. Du willst einfach nicht. Wenn du eine Frau wärst, wäre das nichts Besonderes. Weil du ein Mann bist, wirst du ein Problem haben in dieser Nacht. In dieser Nacht ist sie besonders schön. Sie hat das Bett frisch bezogen und sich eineinhalb Stunden lang in belebenden Schaumbädern gesuhlt, die ihr eine Freundin aus New York mitgebracht hat. Sie hat eine Dose Kaviar besorgt, die Unmengen gekostet haben muss, aber sie hat da ihre Quellen. Sie hat den Champagner gekühlt, das Licht heruntergedimmt und die Barry-White-CD auf Endloswiederholung programmiert. Wenn es Winter wäre und einen Kamin gäbe, würden darin Holzscheite knacken, und wenn es das Artenschutzabkommen nicht strikt verböte, läge vor dem Kamin ein Eisbärenfell, groß genug für einen Eskimo-Swingerclub. Nein, so schön wie in dieser Nacht ist sie noch nie gewesen. Ihre Augen leuchten, ihre Haut glüht, ihr Dekolletee schimmert. Das muss der Eisprung sein, denkst du, obwohl du noch nie so genau begriffen hast, warum ein springendes Ei so viel Wirkung haben soll, und dann hoffst du, dass jetzt sofort das Telefon läuten und ihre beste Freundin dran und von ihrem Ehemann mit einer fünf Jahre jüngeren naturblonden Nagelstudioinhaberin betrogen worden sein soll. Sie hat aber das Telefon ausgesteckt. Nimm noch einen Löffel Kaviar, sagt sie, und schiebt dir ein halbes Kilo Störeier in den Mund, ist gut, viel Eiweiß, wirst du noch brauchen. Und während du verzweifelt mit deiner Zunge die Störeier in Karieslöcher zu schieben versuchst, wo sie für brüllenden Schmerz und eine perfekte Ausrede sorgen könnten, dimmt sie per Fernsteuerung das Licht noch ein wenig dunkler und die Barry-White-Bässe noch ein wenig tiefer, und dabei bewegt sie sich wie beiläufig so, dass der Träger von ihrer linken Schulter ihren linken Oberarm hinabzugleiten beginnt, in Zeitlupe, auf einem Gleitbett aus Feuchtigkeitscreme. Huch, sagt sie, ich weiß auch nicht, was mit mir los ist, ich bin so schusselig heute. Dann schaut sie dich plötzlich an wie ein Eskimo, dem ein Eisbär vor die Harpune gelaufen ist, und sagt: Lass uns endlich ins Bett gehen. Und du hast keine Ausrede mehr. Und du wirst sagen müssen: Heute nicht, Liebling. Heute habe ich keine Lust. Morgen vielleicht.

Zu dir oder zu mir
Warum man sich vielleicht besser doch im Stundenhotel treffen sollte

SIE Männer kennen nur fünf wirklich unverzichtbare Möbel: die Stereoanlage mit möglichst großen Boxen. Den Fernseher mit möglichst großem Bildschirm. Den Kühlschrank mit möglichst großem Eisfach. Das möglichst große Bett, denn man weiß ja nie. Den möglichst großen Aschenbecher, denn man will ja nicht so oft laufen. Alles andere, was sich in Männerwohnungen noch findet – die Bücherregale aus Ytong-Steinen und Brettern vom Baumarkt, die Reste vom Jugendzimmer (Kiefernfurnier, braune Zierkanten), die verblichene orangegrüne Bettwäsche (Konfirmationsgeschenk), das Alu-Besteck (Kantine und/oder Lufthansa), der Stapel leicht fadenscheiniger hellgelber Gästehandtücher, die Mutti sonst weggeworfen hätte, der guacamolegrüne Teppichboden vom Vormieter (»Wieso, der ist doch noch gut«) – sind im Wesentlichen Zugeständnisse an die Zivilisation, aber im Grunde seines Herzens ist der Mann Minimalist.

Wozu Gläser, wenn es leere Senfbecher gibt? Wozu Vasen, wenn es leere Bierflaschen gibt? Wozu Garderobenhaken, wenn es den Fußboden gibt? Das beherrschende innenarchitektonische Konzept der Männer ist der Haufen. Im Schlafzimmer ist der Haufen neben dem Bett, im Wohnzimmer neben dem Sofa, in der Küche in der Spüle. Ein einheitlicher Look, der von echtem Stilempfinden und Sinn für die Gesamtwirkung kündet.

Mit einem Mann zusammenzuziehen ist kinderleicht. Männer sind so dankbar, wenn man ihnen die Entscheidung über Stühle abnimmt, die Wandfarbe bestimmt und Kissen (bequem, aber unmännlich) kauft. Man muss sich nur damit abfinden, dass man immer allein zu Ikea fährt. Im Gegenzug ist jeder Mann bereit, sofort aus seiner Wohnung auszuziehen, unter Zurücklassung aller Dinge. Er würde nichts vermissen. Solange er sein Cindy-Crawford-Poster mitnehmen darf. Aber dafür findet sich – man ist ja kompromissbereit – bestimmt ein hübsches Plätzchen. Im Keller oder so.

ER Wenn Mädchen erwachsen werden, ziehen sie um – von einem kleinen Puppenhaus in eines, das endlich so groß ist wie sie. Jetzt können sie Möbel kaufen, auf denen nicht nur Barbie sitzen kann, ihr bulimisches liebeshungriges kuschelsüchtiges Vorbild. Das merkt man den Möbeln auch an: Sie sehen aus, als wären sie dazu verurteilt, den jäh ins Leben verstoßenen Mädchen eine Liebe zu spenden, die sie sonst nicht bekommen. Farben, die den Augen schmeicheln. Materialien, die sich zärtlicher anfühlen als jede Männerhand. Betten, die den Rücken liebkosen, Bilder, die nicht wehtun. Frauen haben romantisch flackernde Teelichter, Frauen haben beeindruckend Ecke auf Ecke geschichtete Coffee-Table-Books mit Weichzeichner-Fotos von Pariser und New Yorker Interieurs (nicht so viele harte Buchstaben), Frauen haben das gesamte Rösle-Küchenutensilien-Arsenal, obwohl sie nur Magerquark essen, Frauen haben einladend warme Kerzenleuchter. Es könnte ja jemand zu Besuch kommen, mit dem man über den für 900 Mark angeschafften Stuhl schwärmen könnte, der aussieht wie aus einem Zahnarzt-Wartezimmer geklaut, aber von einem jüngst geadelten britischen Designer stammt.

Es kommt aber keiner. Jedenfalls kein Mann. Männer interessieren sich für WAP-Portale, für Handhelds und ein Breitbandkabel für die Internet-Übertragung der Victoria's Secret-G-String-Präsentation. Für Dinge eben, auf die es wirklich ankommt. Für Möbel nicht. Weil niemand sie besucht, warten Frauen sehnsüchtig auf das Erscheinen der neuen Elle Deco, British Edition. Das ist der Soft-Porno für Frauen, die häufiger Shaker-Kommoden streicheln als Menschen. »Sensual«, sinnlich, verkündet dieses Einrichtungs-Kamasutra, richtet euch sinnlich ein! Schreitet auf liebkosenden Teppichen! Fühlt die hauchzarten neuen Tapeten von Sir Schwuchtel! Und habt ihr schon diese umwerfend sensiblen Lampen von Lord Tucke? Dann seufzen Frauen ganz tief empfunden, und sie schlafen ein, gebettet auf authentisches Bauernlinnen, von Duftkerzen bewacht. Ein Kerl stört da nur.

Im Kino
Warum Frauen und Männer nicht dieselben Filme gucken sollten

SIE Ein Kino ohne Mann ist wie ein Fisch ohne Fahrrad, oder so ähnlich. Anders gesagt: Wenn man einen anständigen Film sehen will, geht man allein. Oder mit einer Freundin. Auf keinen Fall aber mit einem Kerl. Anständiger Film – da gehts schon los. In seinen Top Ten stehen »Im tiefen Tal der Superhexen« und »Dirty Harry«. Auf meinen dagegen Meisterwerke wie »Die Brücken am Fluss«, in denen einem Tränen und Tusche warm in den T-Shirt-Kragen laufen, nach denen man angenehm melancholisch und vollständig gereinigt dem faden Leben wieder ins graue Gesicht blicken kann.

Mit Filmen ist es wie mit Waschmitteln: Es muss einen erkennbaren Unterschied zwischen vorher und nachher geben, sonst taugen sie nichts. Wozu sonst ins Kino gehen? Um zu sehen, wie irgendwelche Deppen andere Deppen abknallen? Dass Actionfilme weltweit am erfolgreichsten sind, liegt doch nur daran, dass kleine Jungs zu blöd sind, »Batman« beim ersten Mal zu begreifen und deshalb dreimal reingehen müssen. Ich schwöre, wir haben es probiert. Ich bin in »Gladiator« und »Mission Impossible 2« mitgegangen, nachsichtig und aufopferungsvoll (so wie man mit Kindern in »Aladin« geht) – zweimal und nie wieder. Wir haben beidgeschlechtlich angelegte dating movies getestet: In den meisten spielt Meg Ryan mit, die scheiden also von vornherein aus, und alle anderen sind faule für beide unbefriedigende Kompromisse. Zwar gibt es löbliche Ausnahmen wie »Speed« (für uns Keanu, für die Männer der Bus) oder »Titanic« (für uns Leonardo, für die Männer 1500 Ertrunkene), aber das ändert nichts an der goldenen Regel: Männer und Frauen haben einfach nichts im selben Kino zu suchen, wenn sie die Illusion gemeinsamen Glücks nicht nachhaltig beschädigen wollen. Einmal, ein einziges Mal habe ich es gewagt, ihn mitzunehmen: »Der englische Patient«. Flugzeuge, dachte ich, Krieg, Wüste, was soll da schief gehen? Und dann kamen wir aus dem Kino, ich tränenblind, er gähnend, und er sagte irgendwas von »Edelkitsch« und »Das Buch war tausendmal besser«. Zumindest glaube ich, dass das seine letzten Worte waren, bevor ich ihn erwürgte.

Im Kino

ER Er hat kein Gramm Fett am Körper, aber ein Kilo davon in den Haaren. Er hat wenig Bauch und noch weniger im Kopf, und beim Sex kommt er nach 30 Sekunden, wovon sie in Ohnmacht fällt. Er heißt Ralph Fiennes, Leonardo DiCaprio, Jeremy »Magengeschwür« Irons, Brad »Die-Schule-habe-ich-gerade-so-geschafft« Pitt, aber eigentlich könnte er immerzu Depp heißen. Er ist der Mann, den meine Liebste sich ausguckt, wenn sie fremdgehen will, ohne dabei mehr zu riskieren, als peinlich zu sein, er ist der Kerl, bei dessen Anblick sie schlagartig wieder so kindisch wird wie zuletzt auf dem Ponyhof. Er ist Filmstar, und das ist ein besonderer Mann, der Einzige, gegen den ich keine Chance habe. Aber das macht nichts, weil ich weiß, dass auch sie bei einem Filmstar keine Chance hätte und mich folglich nie mit Robert Redford betrügen wird. Obwohl sie es jederzeit würde, für weit weniger als eine Million Dollar. Hat sie gesagt, ohne schlechtes Gewissen.
Frauen und Kino – das ist eine Geschichte voller Missverständnisse. Wir Männer gucken Filme, um uns moralisch zu vervollkommnen (»Das dreckige Dutzend« zog gegen die Nazis ins Feld ...), um uns intelligent zu unterhalten (Uma Thurmans Vater ist Tibetologe!) und uns weiterzubilden (über den Einfluss neuer Waffensysteme auf die Weltpolitik). Frauen dagegen halten jeden Kinobesuch für eine Lizenz zum Verblöden. Woran sonst sollte es liegen, dass sie ein Machwerk klasse finden, in dem ein ältlicher Millionär sich in eine Nutte verknallt und ihretwegen sein ganzes Leben ändert? Völlig unglaubwürdig, aber das stört sie nicht. Kaum geht das Licht aus, verabschieden sie sich vom Denken und von ihren heiligen moralischen An-sprüchen gleich dazu. Im Kino sind Kinderschänder (»Der Liebhaber«), bindungsunfähige Autisten (»Die Brücken am Fluss«), sadistische Lebensmittelverschwender (»9 1/2 Wochen«) oder Bruchpiloten, die Frauen in Höhlen verhungern lassen (»Der englische Patient«) voll in Ordnung. Im wirklichen Leben nie. Deswegen bin ich kein Filmstar. Und deswegen muss sie bei »Bodyguard« alleine heulen.

Was ich dir noch sagen wollte
Frühe Geständnisse

SIE Der Mann ist eine empfindsame Kreatur, das darf man nie vergessen. Deshalb darf man ihn nicht mit verstörenden Wahrheiten behelligen, jedenfalls nicht gleich und niemals mit allen. Gewisse Informationen (Anzahl der Geschlechtspartner vor ihm, genaue Methode der Beinenthaarung, die Antwort auf die Frage »Findest du meinen Schwanz zu klein?«) müssen wir auf ewig in unseren Herzen verschließen. Das ist keine Lüge, sondern reine Fürsorge. Es wäre einfach zu viel für ihn. Umgekehrt sieht ein Mann bedauerlicherweise selten einen Anlass, etwas für sich zu behalten. »Da drüben geht Annette, die jodelt immer im Bett« – will man das wissen? Will Annette, dass man das weiß? Und woher will er das wissen? Wenn man dann doch mal auf ein dunkles Geheimnis stößt, liegt das höchstens daran, dass er völlig verschwitzt hat, dieses unbedeutende Detail aus seinem Leben zu erwähnen. »Ach, das habe ich dir nie gesagt, dass ich drei uneheliche Kinder in München habe?«
Die Geheimnisse eines Mannes entblättern sich eher zufällig und zwiebelartig. Anfangs glänzt er golden, dann fällt die erste Schicht und man bemerkt ungewöhnlich hässliche Füße, leicht durch die löchrigen Socken hindurch zu sehen. Dann entdeckt man, dass er freitags vierstündige Chat-Sessions mit jemandem namens »hotlips« durchzieht (kein Anlass zur Sorge, wahrscheinlich nur ein kahler & übergewichtiger Soziopath).
Das wirklich Tückische an Männern ist allerdings, dass einem eines Tages genau die Dinge auf den Wecker gehen, die von Anfang an ganz offensichtlich waren, schlimmer noch: die man oberniedlich fand. Sein falsches Singen unter der Dusche, seine Art, Nutella vom Messer zu schlecken: UN-ER-TRÄG-LICH! So ist sie, die Dialektik der Liebe. Aber das ist wieder ein anderes Thema.

ER Sie hat keinen Busen. Das wusste ich nicht. Sie mag Whitney Houston. Davon hatte ich keine Ahnung. Sie geht gerne mit Wärmflasche ins Bett. Darauf hat sie mich nicht vorbereitet. Sie war eine Mogelpackung. Jetzt bin ich unsterblich in sie verliebt. Als ich zu ahnen begann, wie sie wirklich ist, war es zu spät. Scritti Politti, sagte sie, als ich sie nach ihrer Lieblingsmusik fragte, und verschränkte lächelnd ihre Arme im Nacken, was den Wonderbra noch wirksamer machte. O mein Gott, dachte ich, das ist die Frau meines Lebens. Sie wisperte, dass sie viel Wärme im Bett brauche, vor allem ihr Hintern sei immer so kalt. Kannst du haben, dachte ich. Es war unser drittes Date. Nach dem dritten Date stellt sich heraus, ob man es tut oder nicht. Wir taten es. Sie fühlte sich zwar anders an, als ich sie mir vorgestellt hatte, aber ich dachte mir nichts dabei.
Beim ersten Mal hat man genug mit sich selbst zu tun, um Fragen zu stellen. Dass sie mitten in der Nacht aufstand, um sich in der Küche eine Wärmflasche zu machen, bekam ich gar nicht mehr mit. Erst am nächsten Morgen, als ich verschlafen nach ihrem kalten Hintern tastete und stattdessen warmes Gummigewaber zu fassen bekam. Zum Frühstück gab es Müsli und Whitney Houston, was ich beides verabscheue, und dann gingen wir spazieren. Sie sah hübsch aus, mit Brille und ohne Wonderbra, völlig anders als alle, die ich vor ihr gekannt hatte. »Ich muss dir was sagen«, sagte sie, als wir an der Elbe den Schiffen hinterhersahen. Mist, dachte ich, das wars dann, wahrscheinlich wollte sie bloß Sex. »Ich glaube«, sagte sie, »ich hab mich in dich verliebt. Und außerdem schnarche ich.«
Aber das wusste ich schon.

Sags doch mit Blumen
Warum Frauen sich ihre Sträuße lieber selbst kaufen sollten

SIE War eine Woche weg. Komme heim. Mann sitzt gemütlich auf dem Sofa, beschattet von einem komplett verwelkten Blumenstrauß in einer mit bräunlichem Schleim gefüllten, infernalisch stinkenden Vase. Warum er denn die Blumen nicht einfach weggeschmissen habe, frage ich (ich war jung, ich war dumm, ich verstand noch nichts von Kerlen). Wieso sollte ich, sagt er, die Stängel sind doch noch grün. Wahre Geschichte.
Männer und Blumen: zwei Welten. Zwar haben sie inzwischen registriert, dass Frauen Blumen mögen und dass man diese skurrile Marotte strategisch nutzen kann (statt, wie es ihrem Instinkt eigentlich entspräche, handfeste Liebesbeweise zu liefern à la »Ich habe den Müll runtergetragen, wie wärs jetzt mit Sex?«). Doch nach wie vor halten sie Nelken für Blumen und Schleierkraut auch und die Kombination von Nelken und Schleierkraut, die ihnen eine skrupellose Blumenhändlerin aufschwatzt, kurz bevor sie das Zeug auf den Kompost geschmissen hätte, für einen Blumenstrauß. Überhaupt Schleierkraut, ich darf gar nicht erst anfangen von Schleierkraut, Schleierkraut ist garantiert von der holländischen Blumenzüchtermafia speziell für Männer konstruiert worden, die ihre Sträuße mehrheitlich nach dem Hauptsache-es-sieht-nach-ordentlich-viel-aus-Prinzip kaufen. Ich sage euch: Lasst es. Auf die Nummer ist noch keine Frau reingefallen. Hinter dem Problem Männer/Blumen steckt aber noch ein größeres: Männer und Natur. Natur ist für sie etwas, wovon Kühe satt werden, damit es Steaks zum Abendessen gibt. Bäume sind lästig, weil man mit dem Auto dagegenfahren kann, Rasen muss gemäht werden, im Wald muss spaziert werden. Hau wech die Scheiße, ordentlich zubetonieren das Ganze, Parkhaus drauf, und gut is'. Okay: bis auf Hopfen natürlich. Über Hopfen ließe sich reden.

Sags doch mit Blumen

ER Sag mir, wo die Blumen sind, wo sind sie geblieben? »Wieso, da stehen sie doch. Sind ein bisschen braun geworden, während du weg warst. Wahrscheinlich haben sie die Hitze nicht vertragen.« – »Ich habe dir doch extra eingeschärft, dass die viel Wasser brauchen.« – »Wer kann denn ahnen, dass die schon nach fünf Tagen schlappmachen? Höllisch, wie das Zeug stinkt. So viel kann ich gar nicht rauchen, dass man das nicht mehr riecht. Ist ja eklig.«

Sie beißt sich auf die Unterlippe. Sie will nicht sagen, was ihr durch den Kopf geht. Muss sie auch nicht. Ich weiß genau, was sie jetzt denkt: Zuerst stirbt der Farn, dann stirbt der Mensch. Falls es Farn ist, was da verwest. Es könnte auch eine Orchidee sein, aber wie soll ich das wissen, ich habe nicht Biologie studiert. Und da sie der einzige Mensch in der Nähe ist, vermutet sie das Schlimmste. Irgendwann, denkt sie, werde ich sie neben mir verwelken lassen und ungerührt dabei zusehen. Aber das ist ein Missverständnis, ehrlich. Es ist nur so, dass Blumen im männlichen Gefühlshaushalt keinerlei Rolle spielen. Wir wissen, dass sie da sind, aber wir nehmen sie nicht wahr. Wir wissen, dass ihr öfter rote Rosen braucht, so wie Kerzen, Katzen, Kuscheln, aber das vergessen wir schon mal. Ihr vergesst ja auch gerne, was wir brauchen, tierisches Fett und animalische Lust. Deswegen lieben wir euch ja. Und nur, wenn wir gerne wieder einmal animalische Lust hätten, lassen wir auch rote Rosen auf euch regnen. Gießen müsst ihr sie selbst. Wenn euch das nicht genügt, bleibt euch nichts anderes übrig, als Prince Charles zu heiraten. Der spricht mit seinem Grünzeug. Ganz liebevoll. Und lässt seine Frauen verwelken. Ganz lieblos. Bis sie vom Fleisch fallen und in einem Tunnel sterben müssen. So ist das nämlich mit Männern. Entweder oder. Frauen oder Blumen.

TV total
Über geschlechtsspezifische Unterschiede beim Medienkonsum

SIE Nichts auf der Welt lässt mich so sehr an den Fortbestand der Menschheit glauben wie der Anblick eines zappenden Mannes. Ganz klein und andächtig wird man da, die Augen kann man nicht mehr wenden von diesem fantastischen Naturschauspiel. Da ist die Kraft, die Herrlichkeit, die Entscheidungsfreudigkeit, die man sonst gelegentlich vermisst (»Was wollen wir heute Abend essen?« – »Irgendwas halt.«), da wird mit schier übermenschlicher Auge-Hand-Koordination in Sekundenbruchteilen über Tod und Leben bestimmt. Der Ablauf ist immer derselbe: Die entsicherte Fernbedienung locker in der Rechten, werden – bam bam bam – 24 Kanäle in 18 Sekunden im ersten, dem so genannten »Erstmagucken«-Durchgang erledigt. Die zweite und entscheidende »Jetzmarichtig«-Runde braucht dagegen rund 40 Sekunden für eine vollinhaltliche Auseinandersetzung mit dem Programm. Die Kriterien sind nicht immer klar. Nach langjährigen Beobachtungen kann ich nur mutmaßen: Ball ist gut, Ballern ist besser. Meist murmelt er bei jedem Weiterschalten rhythmisch »Schaaß, Schaaß, Schaaß« (zur Erinnerung: der Mann ist Österreicher, also schon aus nationalen Gründen prinzipiell missgelaunt). Für den unwahrscheinlichen Fall, dass er sich für einen Sender entschieden hat, wird er nach etwa zehn Minuten einen dritten Sicherheits-Durchlauf einlegen, kann ja sein, dass inzwischen was Sensationelles auf tm3 begonnen hat. Ab dann ist Ruhe. Bis auf die Werbepausen natürlich, wo das ganze Spiel wieder von vorne losgeht. Werbepausen-Surfen ist allerdings gleichzeitig die Königsdisziplin, der dreifache Rittberger des Zappens: Nur die Besten schaffen es, haargenau zum Ende der Spots wieder beim Ausgangsprogramm zu landen, und er ist natürlich der Allerbeste. Wer das mal mit angesehen hat, fasst nie wieder eine Fernbedienung an. Atemberaubend. Soll man gar nicht erst versuchen als Laie.

ER Dass Frauen zwar möglicherweise ganz nett anzufassen sind, sonst aber zu wenig taugen, merkt man alleine schon daran, wie sie fernsehen. Das können sie nämlich auch nicht. Für Frauen ist ein Abend vor der Glotze nur eine weitere Gelegenheit, sich in süßlichen Gefühlen und schlechtem Geschmack zu suhlen. Wärmflasche auf dem Bauch, angeblich fettarme Pringles in Reichweite und im Kopf das unbezähmbare Bedürfnis, verblödet zu werden: Von Ärzten, unter deren Händen unschuldige Menschen sterben, von Rechtsanwältinnen mit permanentem menstruellem Syndrom oder von Talkshow-Moderatorinnen, die nichts auf die Reihe kriegen. Frauen sind süchtig nach Geschichten, die noch übler sind als das Leben, damit sie endlich Ausreden haben, warum auch sie nichts auf die Reihe kriegen. Man kann ihnen noch so oft sagen, dass gerade auf WDR der Computerclub läuft, auf tm3 das Spiel in seine entscheidende Phase getreten ist oder auf SAT.1 ein Film mit drei Erotik-Punkten auf dem Programm steht, sie rücken die Fernbedienung nicht raus. Sie MÜSSEN Ally, Anke, E.R. sehen, obwohl sie doch wissen sollten, dass wieder keiner mit Ally und Anke ins Bett gehen wird und auch die Elektro-Wiederbelebung wie immer versagt. Wissen sie aber nicht. Weil sie nur Scheiß gucken. Männer brauchen nur einen Blick, um sicher zu sein, dass mit Anke und Ally niemals einer in die Kiste springen wird. Wieso sollte man Sex mit Neurotikerinnen haben? Und dass Starkstrom in der Regel zum unmittelbaren Herzstillstand führt, haben wir spätestens im Telekolleg gelernt. Das jetzt gerade begonnen hat. Und ich auch diesmal versäumen werde, weil sie ganz die Echo-Preisverleihung gucken muss, um zu erfahren, in welchen Worten Sabrina Setlur und Blümchen sich bei ihren Großeltern bedanken und welche Kleider sie dazu tragen. Einen Videorekorder haben wir übrigens auch. Der nimmt gerade die Dornenvögel-Wiederholung auf.

Essen und Liebe
Was alles durch den Magen geht

SIE Ärgerlich an Beziehungen ist, dass man sich ständig benehmen muss. Das heißt zum einen, dass man sich all die idiotischen Dinge verkneifen muss, die man so macht, wenn man allein ist, all die wonnevollen Unentschlossenheiten, die sinnlos vertrödelten Momente. Nach Hause kommen und die Post aufmachen, ohne sie zu lesen. Den Fernseher anschalten, durch alle Programme zappen und ausschalten, ohne überhaupt hingesehen zu haben. In den Kühlschrank gucken, an der Milch riechen, feststellen, dass sie schlecht ist, und trotzdem wieder reinstellen. Käse auswickeln, angucken und wieder einwickeln. Den Kühlschrank zumachen, einfach nur mitten in der Küche stehen und eine Viertelstunde aus dem Fenster gucken.

In einer Beziehung hat das Leben wieder einen Sinn. Leider. Denn so einen Scheiß kann man sich nicht leisten, wenn man unter Beobachtung steht. Das Schlimmste aber ist, dass man sich beim Essen zusammenreißen muss. Wenn man allein ist, kann man vier Tage hintereinander Kartoffelpüree von Pfanni essen, und keiner mault, wenn es klumpt oder wenn man ein halbes Paket Butter reinhaut. Man kann es mit einem Rührlöffel direkt aus dem Topf essen, am besten über die Spüle gebeugt – guckt ja keiner. Man kann Reis im unabgewaschenen Nudeltopf von gestern kochen, man kann sich Sachen machen, die man nur selbst runterbringt (Sardinen-Omeletts, Käsebrot mit Senf), man kann auf dem Sofa liegen und zum Abendbrot eine Fünferpackung Mars oder eine Geschenkbox After-Eight essen. Man muss noch nicht mal jemandem was abgeben. Langzeitsingles erkennt man daran, dass sie selbst im Restaurant automatisch nach der Fernbedienung tasten, wenn ein Teller vor ihnen steht, und dass sie genau wissen, dass die Spaghetti, kurz vor »Gute Zeiten, schlechte Zeiten« aufgestellt, beim ersten Werbeblock al dente sind. Paar-Insassen erkennt man dran, dass sie dem Liebsten immer seinen Lieblingskäse mitbringt und der ihn dankbar isst, auch wenn er ihm längst aus den Ohren rauskommt. Wer glücklicher ist? Tja, Essen oder Liebe, für eines muss man sich entscheiden.

ER Seit ich mit ihr Tisch, Bett und Kühlschrank teile, hat sich in meinem Leben vieles verändert. Der Kühlschrank vor allem. Dort lagern jetzt Bohnensprossen, Tofu-Eis (gibt es tatsächlich, schmeckt nach Tofu statt nach Eis, aber macht nicht dick) und ein paar Kilo Sellerie, weil sie irgendwann gelesen hat, dass man beim Kauen von Sellerie mehr Kalorien verbrennt als er dem Körper zuführt. Ich habe ihr akribisch vorgerechnet, dass sie zwölf Stunden ununterbrochen Sellerie zernagen müsste, um ein zehntel Pfund abzunehmen, aber es hat wie erwartet nicht das Geringste genutzt.

Immer noch kein Platz für Fleisch in unserer Küche. Männer brauchen Fleisch, möglichst groß, möglichst blutig, möglichst Steak. So, als hätte man es nach langem und existenziellem Kampf selbst geschossen. Muss an den Genen liegen, und Gene kann man sich, anders als das Stehpinkeln, bekanntlich nicht abgewöhnen. Sie kann das nicht wirklich verstehen. BSE, sagt sie, wenn wir über den Speiseplan diskutieren, Massentierhaltung, Cholesterin. Es hilft nicht, wenn ich sie süffisant frage, ob denn Pflanzen keine Seele hätten (immerhin spricht sie mit ihren Topfpflanzen), und der Hinweis auf das Scheitern der dritten Ehe Herrn Schröders aufgrund fehlenden Currywurstnachschubs hat mir nur ein peinigendes Verhör eingebracht, ob ich denn irgendwo eine Doris hätte. Das sind die Augenblicke, in denen ich mich nach den Zeiten zurücksehne, in denen ich noch Single war, einsam und ungeküsst, aber satt. Damals gab es Zwiebelmett viertelmeterweise, jeden Abend Wurst vom Papier und Salami-Pizza zum Nachtisch, und dennoch war ich schlanker als jetzt. Manchmal versuche ich auszubrechen und hole mir bei McDonald's einen Viertelpfünder mit großen Pommes. Nutzt nichts. Sie futtert ihn mir weg. Einfach so. Und ich kann nichts sagen, weil ich sie liebe. Mir bleibt nur der Sellerie. Mal sehen, wie lange das noch gut geht.

Gemeinsames Konto
Warum man sich für doppelte Buchführung entscheiden sollte

SIE Mit zwei Dingen kann man Männer ernsthaft um den Verstand bringen, und, seien wir ehrlich, zu nichts Geringerem sind wir überhaupt auf der Welt. Erstens: den Arm auf die Sitzlehne im Flugzeug oder im Kino legen und einfach nicht wieder wegnehmen. Macht sie rasend. Aber sie können nichts sagen. Zweitens: mehr verdienen als sie. Macht sie noch rasender. Und sie können erst recht nichts sagen, weil sie dann ja über ihr eigenes Gehalt reden müssten, und da würden sie sich lieber gleich erhängen. Dabei wissen Männer nicht mal etwas Anständiges anzufangen mit der Kohle. Kreatives Geldausgeben ist ihnen einfach genetisch nicht gegeben. Nie werden sie die erlösende Macht eines Shopping-Anfalls erleben, die Ärmsten, nie die Unsterblichkeit, die einen durchrauscht, wenn man ganz hinten am Ende der Kleiderstange den perfekten grauen Armani-Anzug für ein Spottgeld entdeckt und sogar in der richtigen Größe. Obwohl man ihn auch gekauft hätte, wenn er zu klein wäre, irgendwann wird man schon abnehmen und reinpassen (von wegen Frauen haben keine verantwortungsvollen Geldanlagekonzepte!). Nie wird in ihr kleines Hirn passen, wie man für lebenswichtige Dinge – frische Blumen, frische Schuhe und diesen geilen neuen Lippenstift in nie zuvor gesehenem Pink – auch nur einen Pfennig hinlegen kann.
Eigentlich geben Männer nur für drei Dinge Geld aus: mein Haus, mein Auto, mein Boot. Halt: und meine Stereoanlage, meine Armbanduhr, mein Handy. Repräsentativer Schrott, alles nach dem Glaubenssatz »Size matters«. Je größer, desto teurer, desto besser. Nie werden sie kapieren, dass alle wahrhaft begehrenswerten Dinge in eine Hosentasche passen, aus der sie jederzeit gezogen und uns aufgedrängt werden können: Diamanten, Tickets nach Rio, Augencremetiegel. Na gut, die kaufen wir uns dann schon selbst.

Gemeinsames Konto

ER Eines werden Frauen nie lernen: auseinanderzuhalten, was nicht zusammengehört. Sex und Liebe zum Beispiel. Oder Liebe und Geld. Dabei ist es doch ganz einfach. Sex ist das, was man tut, wenn man scharf ist. Liebe ist so ein merkwürdiges Gefühl. Und Geld braucht man, um sich Dinge zu kaufen, von denen man auch etwas hat. CDs zum Beispiel oder einen warmen Wintermantel oder einen Computer mit schnellerem Prozessor, damit man die Fascho-Schweine in der Weltkrieg-II-Simulation besser abknallen kann.

Frauen sehen das anders. Sie behaupten, dass sie Sex nur mit Menschen haben, die sie lieben. Und verlangen dann, dass man sich aus Liebe zu ihnen in Unkosten stürzt. Irgendwann genügen eben heiße Küsse, romantische Spaziergänge und multiple Orgasmen nicht mehr. Dann müssen richtige Liebesbeweise rüberwachsen, je sauteurer und unnützer, desto willkommener. Ein kleiner Brilli. Sechzig Rosen (obwohl eine es auch täte). Gucci-Stilettos für ein paar tausend Mark, die dann in ihrer Schuhkommode verrotten, weil sie sich nicht die Knöchel brechen will. Oder Schlampenwäsche, die sie ebenfalls nicht trägt – weil sie erstens keine Schlampe, zweitens dafür nun wirklich zu alt und drittens so etwas in einer funktionierenden Beziehung nicht nötig ist. Aber geschenkt bekommen will sie die Schlampenwäsche schon. Damit sie etwas Sündteures und Sündiges im Schrank hat, als Liebesbeweis eben. Oder für den Fall, dass sie fremdgeht, was sie aber nie tun wird, es sei denn, sie vergisst, dass bei ihr Sex nur mit Liebe geht, und das wollen wir ihr nicht unterstellen, denn sonst wird ein Versöhnungsessen fällig. Mindestens.

Ich hätte da einen Vorschlag, Liebling. Lass es uns mal andersrum versuchen mit dem Geld und mit der Liebe. Ich habe da neulich im Schaufenster diesen Armani-Anzug gesehen. Müsste doch eigentlich drin sein bei deinem Gehalt.

Wie war dein Tag, Liebling?
Wie man sich füreinander interessiert

SIE Er kommt nach Hause und lässt sich schwer atmend aufs Sofa fallen. Er starrt minutenlang ins Leere. In eine besonders gewaltige, überaus leere Leere. Er seufzt. Er ist zu aufgewühlt, um auch nur die Fernsehzeitschrift anzusehen. Mit anderen Worten: Es ist irgendeine mittelschwere Katastrophe passiert. »Was ist los?«, frage ich. »Nichts«, sagt er. »Komm schon«, sage ich. »Ich sagte: nichts«, sagt er. An dieser Stelle bricht die Frau von Welt das Gespräch ab. Ich bin doch nicht bekloppt und frage ihn nach Dingen, die mich ernsthaft interessieren. Denn die würde er mir nie erzählen, ist doch klar. Männer wollen nichts erzählen müssen. Sie wollen was erzählen können – MKG (Männerkommunikationsgesetz) §1. Und zwar, wann sie wollen (MKG §2). Das bedeutet: In neun von zehn Fällen besteht keinerlei zeitlicher Zusammenhang zwischen Ereignis und Erzählung, und manchmal dauert es Jahre, bis man erfährt, was eigentlich los war an jenem fernen Frühlingsabend, den man längst erfolgreich verdrängt hat. Mit Männern zu reden – wenn sie denn mal reden – erfordert vor allem ein elefantöses Gedächtnis: »Ähm. Übrigens. Was ich dir noch sagen wollte. Weißt du noch, letzte Woche, als ich so seltsam drauf war?« – »Wann meinst du? Dienstag, Mittwoch, Freitag früh oder Freitag abends?« – »Sehr witzig.« Flüssig und unaufgefordert allerdings sprechen sie gern und stundenlang über Mannschaftsaufstellungen von 1974, über die geile neue Golf-Simulationssoftware, die fundamentale Bedeutung der dritten Venture Capital-Runde für die dot.com-Ökonomie und über dynamisches HTML. Bei solchen Gelegenheiten empfiehlt sich die Methodik der englischen Königinmutter, die seit 100 Jahren 99 Prozent ihrer Konversationen höchst erfolgreich mit den beiden Sätzen »Oh, wirklich?« und »Wie interessant« bestreitet. Ansonsten: Keine Fragen! Niemals! Nur dann werden Männer wirklich zutraulich, die kleinen Lieblinge.

ER Die Kämmerling ist übrigens gefeuert worden, sagt sie, während sich in der Tagesschau ein finnisches Bombengeschwader auf den Weg nach Berlin macht, wegen Unterschlagungen, sagt sie. Und die Poschardt gleich mit, die haben offensichtlich jahrelang in großem Stil gemeinsam getürkt. Auf dem Bildschirm verkündet gerade der Verteidigungsminister einen Evakuierungsplan, die Berliner sollen sich in die Luftschutzbunker begeben, aber genau kann ich es nicht verstehen, weil sie lauter als der Verteidigungsminister ist. Die haben ein riesiges Lager mit Prada-Schuhen angelegt, die sie dann an ihre Freundinnen tageweise verleast haben, für Bewerbungsgespräche und Partys und so, und das hat alles dieser neue Controller aus Stuttgart herausgefunden, der allen so gemütlich vorgekommen ist, weil er immer von Geschmäckle gesprochen hat.

Auf dem Bildschirm ist jetzt eine Landkarte zu sehen, auf der der Flug der Finnen plötzlich einen Knick macht, es scheint, als hätten sie ihre Richtung geändert. Kannst du mich nicht angucken, wenn ich mit dir rede, sagt sie, mach doch endlich die Glotze aus. Übrigens haben wir in der Agentur jetzt beschlossen, gemeinsam die Magic-Soup-Diät zu machen, zehn Tage lang, morgen gehts los, würde dir übrigens auch nicht schaden. In der Tagesschau sieht man leere Supermarktregale und verzweifelte Rentner, die sich um die letzten Zwiebackpackungen prügeln, über den Bildschirm läuft ein Ticker mit einer Hotline-Nummer, die mit der Hamburger Vorwahl beginnt, draußen gehen plötzlich Alarmsirenen los. Was ist das denn für ein Krach heute, sagt sie, man versteht ja sein eigenes Wort nicht mehr, wenn alles gut geht, bekomme ich jetzt den Job von der Poschardt und dann können wir uns endlich ein neues Auto leisten, oder vielleicht bekomme ich sogar einen Dienstwagen, sag mal, hörst du mir überhaupt zu? Natürlich, sage ich. Aber das kann sie im Detonationslärm nicht hören.

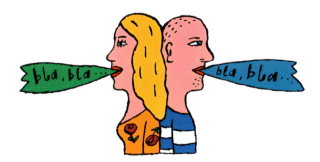

Zusammenziehen
Eine Gewissenserforschung

SIE Willst du wirklich eine vier Jahre alte Zahnbürste, bei der sich die Borsten biegen, neben deiner dulden? Willst du, dass dein Kühlschrank voll Jever, Erdnussbutter und Kraft-Scheibletten ist? Willst du schon unten vor der Haustür hören, dass er vier Stock höher mal wieder seine Lieblings-CD von Metallica hört? Und willst du an den Nachbarn aus dem ersten, zweiten und dritten Stock vorbeigehen müssen, die sich mit Baseballschlägern bei den Briefkästen versammelt haben? Willst du hilflos zusehen müssen, wie sich in der Waschmaschine stinkende Tennissocken mit deiner Seidenunterwäsche im Kochwaschgang drehen, weil er irgendwie doch herausgefunden hat, wie man eine Waschmaschine bedient und er dir eine Freude machen wollte? Und soll dir erst in dem Moment, wo du die schicksalhaften Worte »Wehe, du fasst jemals wieder die Waschmaschine an« brüllst, sein stilles kleines Grinsen und seine geballte Boris-Becker-Faust auffallen? Willst du ihn dabei beobachten, wie er mit dem Küchenmesser seine Zehennägel absäbelt? Willst du dir sagen lassen, dass Apfelsinenkisten und Bretter auf Backsteinen »sowieso cooler sind als dieser affige Design-Scheiß«? Und dass es gesund ist, auf einer Matratze auf dem Boden zu schlafen, er kann es bezeugen, er hat diese Matratze seit seiner Einschulung? Und dass dieser grün-braun-lila gestreifte Sessel zwar schon ein kleines bisschen fadenscheinig ist, aber ein unersetzliches Erbstück, auf dem schon sein Opa das Wunder von Bern vor dem Volksempfänger miterlebt hat? Willst du deine Lieblings-CD von Whitney Houston unter dem Tischbein links außen wiederfinden, das früher immer so wackelte? Willst du ihn loben müssen, wenn er mal eine Spaghetti-Sauce kocht, und hinterher die vier Töpfe und zwei Pfannen abwaschen, die er dazu gebraucht hat? Willst du dich im Bad einschließen müssen, wenn du die neue Astonishing Super Moisturizing & Nourishing Face Mask ausprobierst? Willst du dir sagen lassen müssen, dass man Telefonate auch unter einer Stunde führen kann?

ER Willst du wirklich irgendwo wohnen, wo es Blumen gibt? Willst du tatsächlich immer von Tellern und mit Messer und Gabel essen? Willst du, dass das Poster von Pamela Anderson in 666 kleine Stücke zerrissen wird? Willst du das Klo putzen? Willst du CDs nur noch leise hören? Willst du, dass es Ostereier und Adventskränze in deiner Wohnung gibt? Willst du jedes Mal das alte Geschirr abräumen, ehe du isst? Willst du, dass in deinem Kühlschrank Sojasprossen, Sellerie und blaue Migräne-Kühlpacks gelagert werden? Willst du Fleisch nur noch bei Naturkostläden für sieben Mark fuffzich pro Gramm einkaufen? Willst du vor jeder Party Zettel im Treppenhaus verteilen, auf denen steht, dass es möglicherweise laut werden wird? Willst du jeden Morgen 30 Minuten warten, bis du ins Bad kannst? Willst du wirklich nie wieder danebenpinkeln? Willst du dich jeden Abend duschen, ehe du ins Bett darfst? Willst du nie wieder masturbieren, sondern immer nur dann Orgasmen haben, wenn sie nicht Nein sagt? Willst du, dass dich jemand in deinen eigenen vier Wänden danach fragen kann, was du gerade denkst? Willst du, dass dein Fernseher die Oscar-Preisverleihung überträgt? Willst du, dass dir jemand sagt, dass du ruhig mal wieder etwas für deinen Körper tun könntest, während du gerade die Frühstückszeitung liest? Willst du nie wieder in Unterhosen, Bier trinkend und kettenrauchend vor deinem Computer sitzen? Willst du wirklich nur noch dann Luftgitarre vor dem Spiegel spielen, wenn die Luft gerade rein ist? Willst du vor den Wochenenden Angst haben? Willst du einmal pro Woche vertrieben werden, weil Mädchenabend ist, bei dem Männer nur stören? Willst du, dass dir jemand sagt, er hätte deinen Kleiderschrank endlich ausgemistet und dabei auch gleich dein peinliches Ronaldo-Trikot weggeworfen? Willst du um acht Uhr morgens auf das Loch in deinem rechten Socken aufmerksam gemacht werden, das sowieso niemand sieht, weil du nicht vorhast, die Schuhe auszuziehen?

Ganz unten
Was über Schuhe zu sagen ist

SIE Männer haben in der Mehrheit hässliche, stinkende Füße, und deshalb ist es schon fast egal, was für Schuhe sie tragen – Hauptsache, sie tragen überhaupt welche. Selbst für schmuddelige Tennissocken in Mallorca-Sandalen sollte man als Frau dem Herrgott auf Knien danken, denn Barfußsandalenträger lieben die Natur mit allen Konsequenzen und haben deshalb prinzipiell die längsten Fußnägel und die elefantöseste Hornhaut.
Singen wir also das Hohelied des Männerschuhs in all seiner prächtigen Vielfalt.
Preisen wir den hochhackigen Cowboystiefel, der kleine Männer noch kleiner macht und schnauzbärtige noch schnauzbärtiger. Ehren wir den Mount-Everest-Erstbesteigungsstiefel mit Eisennägeln und Lkw-Profilsohle, gern von Männern getragen, die täglich ihren Range-Rover (mit Seilwinde und Kuhfanggitter) ins Parkhaus fahren. Rümpfen wir nicht die Nase über die fünf identischen Paare »Bin ich nicht ein süßer Junge?«-Converse-Hightops in verschiedenen Stadien der Verwesung. Verspotten wir auch nicht die multifunktionalen schwarzen Hochzeits- und/oder Beerdigungsschuhe, fünf Jahre alt und dreimal getragen, die kleinen Jurastudentenschuhe mit Bommeln dran oder die Bootsschuhe, bevorzugt von völlig yachtlosen Gestalten in Münchner Bars getragen. Loben wir aus voller Brust die abgelatschten Absätze, die gerissenen und notdürftig zusammengeknoteten Schuhbänder, das matte, nie geputzte Leder.
Denn wahrlich, ich sage euch, es wird kommen der Tag, da der Mann die Schuhe auszieht, und dann wird ein Keuchen und Wehklagen über dem Land liegen, die Vögel werden vom Himmel fallen, die Blumen welken und die Frauen röchelnd zu Boden gehen.

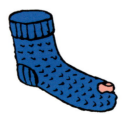

1. Formschön
2. Strapazierfähig
3. Unverwüstlich
4. Passgerecht
5. Anspruchslos
6. Antik wertvoll
7. Platzsparend

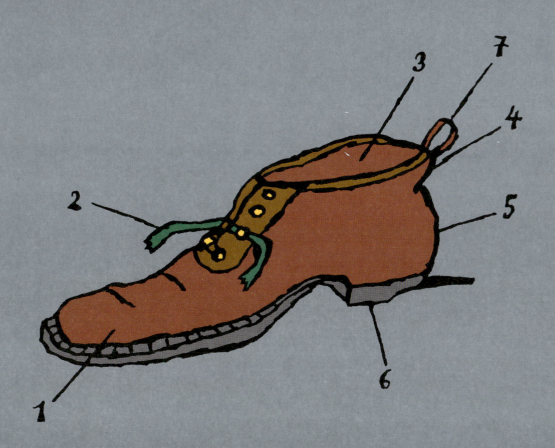

Ganz unten

ER Okay, hier ist es. Das Geheimnis, warum wir Männer (jawohl, wir unschönen, wichtigtuerischen, zu tiefen Empfindungen unfähigen Unfälle der Evolution) die Welt beherrschen. Warum wir für halb so viel Arbeit doppelt so viel Geld bekommen, warum wir die Karriereleiter schneller hochklettern, warum wir (und nicht ihr) Bundeskanzler, Außenminister oder Modezar werden, warum wir mehr Bücher schreiben, effektivere Massenvernichtungswaffen erfinden und noch für die peinlichsten Leistungen (ich sage nur: mit dem Auto im Kreis fahren ...) berühmt werden können: Weil wir nie, niemals, unter gar keinen Umständen über unsere Schuhe nachdenken. Weil wir uns nie den Kopf darüber zerbrechen, ob wir heute mit den Fick-mich-Pumps oder den Jil-Sander-Pumas oder den coolen Prada-Sport-Teilen ins Büro sollen. Weil wir nämlich schon unsere Netzwerke gesponnen haben, während ihr noch ratlos vor eurem Schuhsortiment steht und denkt, dass ja jetzt schon alle Prada-Sport tragen und dass ihr für die Pumps doch wieder nur blöd angeglotzt werden würdet und dass ihr dringend mal wieder losmüsst, um noch zehn weitere Paar Schuhe zu kaufen. Wenn ihr dann endlich ins Büro kommt, haben wir uns schon gegenseitig befördert, einander Gehaltserhöhungen spendiert – und die Gehaltserhöhungen refinanziert, indem wir das Kindergeld für allein erziehende Mütter gekürzt haben (die es sowieso nur für Schuhe ausgeben würden). Natürlich ist das unfair. Aber ihr wart ja nicht da, als es um die Beförderungen und die Gehaltserhöhungen ging. Und außerdem scheint es euch ja wichtiger zu sein, wie ihr zehn Zentimeter über Bodenhöhe ausseht, als nach den Sternen zu streben. Das ist alles, was ich sagen wollte. Ach ja, noch was: Die roten Stilettos sind wirklich scharf. Und wenn ihr in ihnen zum Kopierer stöckelt, dann denken wir, dass ihr Sexgöttinnen seid.

Für immer schön
Wie man sich in Schuss hält

SIE Es ist noch nicht viel über das bemerkenswerte Phänomen geschrieben worden, dass Männer Angst vor Bürsten haben. Und zwar vor praktisch jeder Bürste auf der ganzen Welt, vor Zahnbürsten, Haarbürsten, Geschirrspülbürsten, Klobürsten, Kleiderbürsten, Schuhbürsten und ganz besonders Nagelbürsten. Instinktiv schrecken sie vor ihnen zurück, scheuen sich, sie anzufassen, meiden sie, wo es nur geht. (Frauen dagegen fürchten sich nur vor den Bürsten in der Waschstraße, und zwar den großen, runden, die von oben kommen und jeden Moment das Autodach zerquetschen werden, von den fiesen seitlichen ganz zu schweigen, die eines Tages bestimmt noch mal die Türen eindrücken. Aber das ist eine ganz andere Geschichte.) So groß ist die Furcht der Männer, dass sie sich in ihrer namenlosen Panik sogar weigern, das Wort »Bürsten« in seiner eigentlichen Bedeutung zu verwenden, und es stattdessen … (Aber das ist noch eine andere Geschichte.)

Was ist es also mit ihnen? Aberglaube? Archaische Urängste, seit jenem traumatischen Kampf gegen die Borstensaurier, an einem sonnigen Spätherbstnachmittag im ausgehenden Paläozoikum? Frühkindliche Schreckenserlebnisse? Sind sie alle kollektiv mit einer Kleiderbürste verprügelt worden? Wir werden es nie erfahren, wir müssen nur mit den bitteren Folgen leben. Wir müssen uns jeden Morgen aufs Neue wappnen vor dem Gang ans Waschbecken, weil dort der Anblick von abrasierten Bartstoppelhaaren in festgebackten Zahnpastaresten auf uns wartet (= Zahnbürste nur schnell und widerwillig benutzt, Scheuerbürste gar nicht). Doch über Kranke darf man nicht spotten. Unterstützen wir sie in ihrem Ringen gegen ihre Phobien, zeigen wir ihnen, dass sie nichts zu befürchten haben, loben wir sie, sowie sie was Borstiges anfassen. Schon ein zehnsekündiges Zähneputzen muss als Durchbruch gelten. Das mit der Klobürste kriegen wir dann ganz am Schluss.

ER Was ist das denn, frage ich, als sie endlich aus dem Bad kommt. Sieht man doch, sagt sie, ein Nasenpflaster. Gegen unreine Haut. Du hast doch gar keine unreine Haut, sage ich. Natürlich hat sie unreine Haut, sagt sie, und wenn mir das bisher noch nicht aufgefallen ist, liegt das nur daran, dass mir nie etwas auffällt. Ausnahmslos jeder Mensch hat unreine Haut. Und vor allem auf der Nase. Merkwürdig, sage ich, dass man das nicht sehen kann. Typisch, sagt sie. Männer wollen immer alles sehen, sonst ist es für sie nicht da. Natürlich ist die Nasenhaut unrein. Der Dreck zieht doch sofort ein. Das ist ja das Fiese an unreiner Haut. Man denkt, alles wäre in Ordnung, und in Wahrheit sind alle Zellen mit Dreck verstopft. Deine Nase ist also innerlich unrein, frage ich. Richtig, sagt sie. Aber nicht mehr lange. Weil dieses geniale Nasenpflaster mir nichts, dir nichts den Dreck aus meiner Haut saugt. Dauert bloß eine Viertelstunde. Wenn man es länger trägt, ist es gefährlich, steht auf der Packung. Wahrscheinlich geht dann die Nasenhaut mit ab oder der Knorpel löst sich auf, und dann war die ganze Mühe vergebens. Lach nicht so blöd, sagt sie, ich weiß selbst, dass ich bescheuert aussehe. Aber dafür habe ich in einer Viertelstunde eine saubere Nase und du nicht. Ganz zu schweigen vom Rest. Ich möchte wirklich nicht wissen, wie viel Dreck du mit dir herumschleppst. Und was hast du davon, frage ich, wenn du den ganzen Schmutz los bist? So dämlich kann nur ein Mann fragen, sagt sie. Ich jedenfalls bin nicht gern schmutzig. Auch nicht auf der Nase. Egal, ob man den Schmutz sieht oder nicht. Und wenn der Schmutz gar nicht da ist, frage ich. Wenn du jetzt dieses dämliche Pflaster abziehst, und es ist genauso blütenweiß wie vorher? Dann weiß ich wenigstens, dass ich sauber bin. Das kannst du von dir nicht sagen.

Sommer
Was in der schönsten Zeit des Jahres mit der Liebe geschieht

SIE Es gibt keine gefährlichere Jahreszeit für die fragile Beziehung zwischen Männern und Frauen als den Sommer. Vor den Gefahren des Reisens, insbesondere des ungeheuerlichen Leichtsinns, zusammen in Urlaub zu fahren und gar noch jede Minute gemeinsam zu verbringen, werden wir an anderer Stelle noch ausführlich warnen. (Lebensversicherer verweigern bei diesem verantwortungslosen Verhalten ausdrücklich jede Haftung, lesen Sie sich bitte mal das Kleingedruckte durch!) Verhängnisvoll ist allerdings, dass man auch zu Hause nicht mehr sicher sein kann vor desillusionierenden Einsichten in das wahre Wesen der Männer.
Was für eine prima nervenschonende Erfindung zum Beispiel Krawatten sind (weil sie ungünstig geformte Exemplare bis obenhin zuzurren), kapiert man erst, wenn es warm ist und die Kerle ablegen. Oha, und wie sie ablegen. Bei 20 Grad krempeln sie die Ärmel hoch, was bei behaarten Unterarmen immerhin ganz hübsch sein kann, und klappen die Cabriodächer runter, was weniger hübsch ist. Cabriofahrer nämlich, auch so ein Gesetz des Sommers, hören immer die falsche Musik und haben blöde Mützen auf. Bei 25 Grad sieht man die ersten Muscle-Shirts, was nur zumutbar ist, wenn der Kerl nur mäßig massig muscles hat. Bei 30 Grad beginnt es hart zu werden. Bermudashorts. Sandalen. Mitten in der Stadt, ungestraft. Hitzepickel auf dem Rücken. T-Shirts vom letzten Pauschalurlaub mit Ortsnamen, die man besser verschweigen sollte. Versagende Deos, ausgeglichen mit einer Extraportion Herrenparfum. Bei 35 Grad ist dann alles vorbei: Gegen Nachmittag wird der erste Kollege plötzlich seine Schuhe ausziehen und seine Hammerzehen wohlig in die graue Auslegeware bohren. Oder auf den Tisch legen. Der Rest der Belegschaft wird genauso plötzlich in den Feierabend aufbrechen und draußen röchelnd zusammenbrechen. Es gibt nur einen Trost: Weil der gemeine Durchschnittstrottel Sonnenöl zutiefst unmännlich findet, ist der Spuk nach einem heißen Wochenende erst mal wieder vorbei. Bei dem üblen Sonnenbrand müssen sie leider, leider was Langärmeliges überziehen. Gerettet.

Sommer

ER Die Beine werden länger, die Gefühle liegen blanker, keine Seele verhüllt sich mehr. Die Bäckerin führt ihr Ying-Yang-Tattoo vor, samstagnachts kann ich im Hinterhof die Nachbarin Orgasmen röhren hören, und unser Badewannenabfluss ist verstopft mit den Haaren, die sich meine Liebste von der Bikinizone schabt. Es ist Sommer, und das ist gut so. Denn der Sommer nimmt den Menschen die zivilisatorische Unnahbarkeit und erinnert uns daran, dass wir alle nur nackte Affen sind. Nur, dass die Frauen noch nackter sind, so nackt wie nie, so bloßgelegt geheimnislos. Am Strand recken sie ihre Hinterbacken der Wärme entgegen, nur von G-String-Bindfädchen geteilt, meine Güte, wie imposant solche Halbkugeln doch sein können. Manche tragen obenrum lustige Häkelware, so weitmaschig, dass Äderchen durchscheinen, blaue Blutkanäle, sehr royal. Dann gibt es da noch die Rebellinnen mit intaktem Achselhaar, wertkonservative Alt-68erinnen, die noch die Natur schätzen. Aber am liebsten mag ich die Teenies mit ihren Bauchnabelringen, keine Angst vor Bohren und Stechen, das ist eine Jugend, die tapfer jedes Stahlbad erträgt. So viel Küsse bekomme ich nie wie im Sommer, all die schönen Feierabendpicknicks auf rustikalen Korbstühlen, all die heiteren späten Mädchen in hauchdünnen Fähnchen, es gibt Cocktails und Ruccola und ganz, ganz viele Bussis. Manchmal fühlt es sich ein wenig so an wie Spießrutenküssen, aber im Sommer bin selbst ich versöhnlich. Selbst meine Liebste ist wagemutig, trägt verwegen geschlitzte Röcke und kecke Silbersandalen und in ihren Augen funkelt Kühnheit. Lass uns ausgehen, sagt sie, und schon finden wir uns wieder auf einem Open Air, zuckende Leiber, so nahe kommen wir anderen nie, es ist fast eine Orgie. Ich mag das, wirklich. Es dämpft meine Lust. Es erledigt die Libido. Bis zum Herbst muss ich keinen Sex mehr haben. Dann haben die Frauen wieder Geheimnisse.

Bodycheck
Zeig mir deins, dann zeig ich dir meins

SIE »Habe ich nicht den perfekten Hintern?«, fragt er, und leider, er hat Recht, er hat den perfekten Hintern.
»Und meine Oberschenkel, hast du schon mal solche Oberschenkel gesehen?«
Nein, habe ich nicht.
»Und meine Waden …!« Sensationell, sage ich.
»Nein, fass doch mal an.« Stahlhart, sage ich.
»Soll ich mal anspannen?«, fragt er.
Nein, sollst du nicht. Du sollst endlich deine Klappe halten.
Dieser Mann hat Übergewicht. Ein wenig, sagt er. Eine Menge, sagen andere. Dieser Mann hat wenig Haare. So wenig nun auch wieder nicht, sagt er, immer noch mehr als Kojak. Dieser Mann sieht in Designeranzügen wie ein Penner aus (was er zugibt) und hat hässliche Füße (was er bestreitet) – es schert ihn alles nicht, denn er hat einen perfekten Hintern, und was will man mehr?
»Nicht zu vergessen meine feinmechanisch hoch begnadeten Chirurgenhände!«, sagt er grinsend und schüttelt die Finger wie ein Pianist. Nicht einen Gedanken verschwendet er ansonsten auf seinen Körper. Eine Hose passt oder passt nicht, und wenn sie mal nicht passt, liegt das an der Hose, nicht an ihm, und er zieht einfach eine andere an. Wenn er eine neue braucht, muss er erst hinten in die Hose gucken, weil er seine Größe nicht kennt. Er kennt seine Größe nicht! Er guckt also rein und geht dann los und kauft sich genau dieselbe Hose. Bis zum Laden kann er sich die Größe nämlich merken. Dann steht er da in seiner neuen alten Hose und sieht großartig aus, weil er gar keine andere Möglichkeit kennt. Es ist schließlich eine neue Hose! Selbstverständlich sieht er toll aus!
Gestern kam wieder diese superblöde Reklame für Damen-Rasiergeräte, in der eine Frau einem nackten Kerl auf den Hintern haut. »Guck mal, wie der Hintern wabbelt von dem Typ«, sagt er.
Deiner wabbelt auch, sage ich tückisch.
Nein, tut er nicht, sagt er ganz sachlich und völlig gelassen. Stimmt. Tut er nicht. Es ist zum Wahnsinnigwerden.

ER Du gehörst zu den paar Menschen, die ohne Klamotten besser aussehen als mit. Warum hasst du dich so? Weil ich eine Frau bin, sagt sie, und das Schicksal der Frau ist die Anatomie. Ich bin zu fett, die Waage zeigt schon wieder 200 Gramm mehr.
Nur weil du vergessen hast, deine Brille abzunehmen, sage ich.
Mein Bauch, sagt sie, ist zu schlaff, mein Hintern hängt, meine Augenbrauen sind Ekel erregend dünn. Und das Gesicht erst: eindeutig zu flächig. Hat je ein Mann ein Gesicht als »flächig« wahrgenommen? Über die Dimensionen seiner Augenbrauen meditiert? Nicht mal Theo Waigel. Hat je ein Mann eine Frau so gnadenlos gemustert wie du dich? Warum sollten wir? Wir, sage ich, wir lieben euch doch.
Eben, sagt sie, Liebe macht blind.
Ihr glaubt nie, dass wir uns in euch verknallen, weil ihr so aussieht, wie ihr nun mal ausseht, sondern immer nur, obwohl. Aber es ist nun mal so: Ich bete dich an. Deine Beine!
Schwein, sagt sie, warum nicht mein Gesicht? Außerdem habe ich Cellulite.
Deine Cellulite, sage ich, war bloß der Schatten des Baumes vor dem Schlafzimmerfenster, der sich letzte Woche ungünstig bewegt hat. Warum bin ich nicht schwul geboren? Dann dürfte ich Lebewesen lieben, die sich selbst leiden können.
Wenn du schwul wärst, sagt sie, hättest du dieselben Probleme wie ich – und einen flachen Bauch dazu.
Dann bleibe ich lieber doch Hete, sage ich.
Was sagst du zu meiner neuen Brille, sagt sie, endlich eine, die meinem flächigen Gesicht ein wenig Struktur gibt!
Du hörst dich an wie einer dieser Architekten, die Berlin verschandelt haben, sage ich. Und, um deine Frage zu beantworten: nein, ist mir nicht aufgefallen, die neue Struktur.
Siehst du, sagt sie, du guckst mich nicht an.

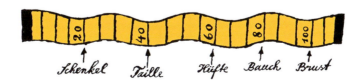

Echte Frauen, echte Männer
Warum man sich zu seinem Geschlecht ruhig bekennen sollte

SIE Wenn ichs mir recht überlege, habe ich mich nie sonderlich bemüht, für eine Frau gehalten zu werden. Ich habe nie PMS gehabt, Schaumfestiger benutzt, Tagebuch geführt, meine Beine gewachst, Hera Lind gelesen, Stilettos getragen, Handtaschen und/oder Brüste besessen oder das Bedürfnis verspürt, mit einer anderen Frau aufs Klo zu gehen. Dafür kann ich Videorekorder programmieren, Reifen wechseln, Männer unter den Tisch trinken und verdammt unangenehm werden, wenn man mir dumm kommt. Und ich komme in jede – in Worten: jede – Parklücke dieser Erde. Sparen Sie sich jetzt bitte die Leserbriefe, ich weiß, das sind Klischees, und wir leben in befreiten Zeiten voller politisch korrekter Zwitterwesen, und es ist genauso Sache der Frau, einen Reifen zu wechseln, wie die des Mannes, seinen Bauch zu enthaaren, und so weiter.
Aber trotzdem. Irgendwann hatte ich den nagenden Verdacht, ich verpasse vielleicht was. Also beschloss ich vorgestern, probeweise ein Vollweib zu werden. Ich habe einen Wonderbra gekauft (und bei Gott, Wonder kann ich gut gebrauchen), halterlose Strümpfe und eine Augencreme, einen Spitzenbody und Nagellack. Und ich habe die gute alte Nackt-unterm-Mantel-vom-Flughafen-abholen-Nummer mit ihm gespielt.
Kleiner Zwischenbericht?
1. Frau-Sein kostet eine Mörderkohle (der Preis einer guten Augencreme dieser Tage ....!).
2. Frau-Sein ist hochnotpeinlich: Wer je versucht hat, in einem öffentlichen Klo den verdammten Verschluss von einem Body zu schließen und sich dabei die verdammten Schamhaare zwischen den verdammten Druckknöpfen eingeklemmt hat, weiß, wovon ich rede.
3. Halterlose Strümpfe lenken die volle Aufmerksamkeit auf die eine Stelle, von der man es am wenigsten will: über den Rand quellende weißspeckige Fleischwülste.
4. Er hat nur gelacht.
Irgendwo, ganz hinten im Schrank, liegt jetzt ein einsamer Wonderbra und wartet auf den nächsten Karneval.

ER Manchmal, wenn am Himmel fett der Vollmond hängt, dann packt es auch mich. Dann will auch ich ganz dringend ein richtiger Mann sein, nicht immer nur dieser dressierte Partnerschafts-Partner, zu dem ich durch die Lektüre zu vieler Frauenzeitschriften degeneriert bin. Dann will auch ich fremd und geheimnisvoll sein, mit zupackenden Armen und tödlichem Lächeln, Liebhaber, Dornenvogel, Salz auf deiner Haut, alles auf einmal. Klitoral, vaginal, scheißegal, flüstert eine Stimme in mir, es ist die Stimme des Testosterons, und ich höre ihr zu.
Ist es nicht genau das, was sie will – einen echten Mann? Wirft sie mir nicht ohnehin immer häufiger vor, ein Weichei geworden zu sein, eine schlaffe Null, ein Nichts? Hat sie mir nicht unlängst im Streit den schlimmsten aller Vorwürfe an den Kopf geknallt: Wenn du Zigaretten holen gehst, weiß ich immer, dass du zurückkommst?
Schade nur, dass das Mann-Sein bei ihr nicht klappt. Als ich ihr zum Beispiel neulich die Kleider vom Leib reißen wollte, hat sie mir eine gescheuert. Du spinnst wohl, kreischte sie, das war meine letzte admiralblaue Strumpfhose. Und als ich mit ihr »9 1/2 Wochen« spielen und Obst von ihrem Bauch essen wollte, war sie gar nicht amüsiert und dachte bloß an die Bettwäsche.
Leidenschaftlicher Sex an ungewöhnlichen Orten? Fehlanzeige, dabei verkühlt sie sich bloß den Hintern. Und wenn ich es mal damit versuche, wie ein einsamer Wolf mysteriös zu schweigen, wirft sie mir gleich vor, ich wäre ein muffiger Autist.
Warum, sage ich dann, bist du keine Frau? Sonst noch Wünsche, der Herr, faucht sie mich an. Die Zeiten sind ein für allemal vorbei. Und wenn du mich jetzt bitte in Ruhe lassen würdest, gleich kommt E. R. in der Glotze. Du kannst ja inzwischen meine Gucci-Bluse bügeln. Die brauche ich morgen für mein Business-Lunch.
Ist das etwa fair? Aber ich will nicht quengeln. Echte Männer quengeln nicht.

Après-Sex
Warum Nachspiele ebenso wichtig sind wie Vorspiele

SIE Sex. Muss ja auch manchmal sein. Ist ja eigentlich immer ganz schön. Das Gute daran, schon hundert Jahre zusammen zu sein, ist, dass man ziemlich unzeremoniell zur Sache kommen kann. Vorspiel, Kerzen, alles Zeitverschwendung. Blick genügt, einmal mit dem Kopf in Richtung Schlafzimmer genickt, und die Sache ist eingetütet. Wenn man bedenkt, welchen logistischen Aufwand man als Single betreiben muss ... Bloß hinterher, wenn man innerlich schon längst wieder bei wichtigeren Dingen ist (»Ich muss noch Wäsche aufhängen, wie ging noch mal gleich das Lied von heute Morgen«), soll man noch endlos lange miteinander rumliegen und kuscheln. Männer brauchen das. Damit sie nicht das Gefühl haben, dass sie nur als Sexobjekte behandelt werden, die armen Lieblinge.
Also in Dreigottesnamen, dann kuscheln wir eben ein bisschen. Ganz vertan ist die Zeit auch nicht, denn sie bietet die schöne Gelegenheit zur subtilen Einflussnahme. Der Mann liegt grunzend und ermattet da, satt und wehrlos, also im idealen Aggregatzustand. Seinen Arm beschwert man auf anmutige Weise mit dem Kopf, man krault ihm noch ein bisschen den Bauch und holt die schöne sanfte Stimme aus dem Keller, die man sonst nur sonntags benutzt. Denn dies ist die Stunde der Wahrheit, dies ist die Zeit, in der man ihm unangenehme Dinge beibringen kann. Beziehungsprofis haben in diesen Momenten der Sinnenfinsternis schon die verblüffendsten und später bitter bereuten Zusagen, Versprechungen und Geständnisse aus Kerlen rausgelockt. Fair ist das zwar nicht, aber was ist schon fair in der Liebe? Danach kann man dann endlich aufstehen und sich ein Bier aus dem Kühlschrank holen gehen.

ER Name der Krankheit: Romeo-Arm. Gehört zum Leidenskreis heterosexueller Liebes-Folgeschäden.

Symptomatik: Patient klagt über Taubheitsgefühle in den Oberarmen (»Wie tot, Herr Doktor«), Muskelverspannungen, Drehschwindel infolge gestörter Blutzirkulation. Begleiterscheinungen: Aggressionen gegen die Partnerin (»Die soll ihren Kopf auf ihr Kissen legen, wozu hat sie das denn?«), postkoitale Fluchtimpulse (»Ich sag dann immer, ich müsste mal dringend aufs Klo«), Realitätsflucht (»Kuscheln ist doch Scheiße, ich meine, bin ich eine Angorakatze oder was?«), paranoide Tendenzen (»Wieso wollen alle Frauen immer, dass man danach kuschelt, die sollen doch froh sein, dass sie einen Orgasmus hatten, Männer wollen das doch auch nicht ...«).

Anamnese: Patient berichtet, es wäre immer schon so gewesen, dass Partnerinnen post coitum kuscheln wollten. Ist davon überzeugt, dass Frauen eine genetische Disposition haben, psychosexuelle Zufriedenheit dadurch kundzutun, dass sie ihren Hinterkopf auf dem Oberarm ihrer Sexualpartner deponieren. Alle Versuche, sich anzupassen, seien gescheitert (»Was soll ich denn machen, ich krieg nun mal blaue Flecken, da kann ich mir noch so oft sagen, dass das eben dazugehört«). Gelegentliche Anläufe zur Verhaltensmodifikation aufseiten der Partnerin hätten sich als ineffektiv erwiesen (»Wenn ich der sage, die soll mich in Ruhe lassen, dann knallt mir die doch gleich an den Kopf, ich würde sie nicht richtig lieben, und dann bleibt zwar mein Arm heil, aber ich muss die ganze Nacht Beziehungsgespräche führen und komme nicht zu meinem Schlaf«).

Therapie: Vorschläge, auf Sexualität zu verzichten, lehnt Patient kategorisch ab (»Da lass ich mir lieber den Arm amputieren«). Verspricht aber, sich um Verhaltensmodifikation zu bemühen (Seitenwechsel, um beide Arme gleichmäßig zu belasten), und wird ein Muskelaufbautraining beginnen, um den zu erwartenden chronischen Schädigungen vorzubeugen.

Du kannst ruhig du zu mir sagen
Die erste Begegnung mit den Eltern des anderen

SIE Wie ist deine Mutter so? Geht das noch ein bisschen genauer als »wie Mütter eben so sind«? Meinst du, sie mag mich? Ja, es könnte mir egal sein. Nein, es ist mir nicht egal. Weil ihre Meinung bestimmt Einfluss auf dich hat. Lach nicht so blöd. Ganz einfach: Wenn sie mich nicht gut findet, lässt sie bestimmt immer, wenn sie dich anruft, kleine Bemerkungen fallen. Jedes Mal. Und eines Tages fängt das an zu wirken. Und dann fragst du dich auch, ob du dir nicht doch besser jemanden suchen solltest, der zu Hause bleibt und deine drei Kinder aufzieht.
Was heißt hier: welche Kinder? ALLE Mütter wollen Enkelkinder. Ist doch klar. Warum, weiß ich auch nicht. Irgendwas Genetisches, das da durchbricht. Das Sippen-Gen. Die Sicherheit, dass der Generationenvertrag nicht gebrochen wird. Oder hat deine Mutter etwa noch keine Bemerkungen gemacht darüber? Na siehst du. Die Mütter sind überhaupt immer das Schwierigste. Wenn du die im Sack hast, ist das mit den Vätern überhaupt kein Problem mehr. Väter finden Freundinnen von Söhnen immer gut. Weckt Fantasien, vermutlich. Dein Vater ist ein harter Brocken, sagst du? Das sagen alle vorher. Warte nur ab. Okay, das Wichtigste ist der Rock. Ich habe einen Rock, der todsicher ist. Funktioniert immer bei Bewerbungsgesprächen. Nicht zu kurz für die Mütter, nicht zu lang für die Väter. Eng genug für die Väter, klassisch genug für die Mütter. Nein, natürlich hast du den noch nie gesehen. Für Söhne ist der ja auch nichts.
Was heißt hier Taktik? Nun sei doch nicht gleich so beleidigt. Natürlich sind deine Eltern was Besonderes. Ganz anders als all die anderen Eltern. Sind eben deine Eltern.
Ehrlich, ich freue mich schon auf sie.

ER Wo hat sie denn den her? Ist der psychisch gestört oder was? Wieso schaut denn der so komisch? Die schläft doch nicht wirklich mit dem? Der schläft doch nicht wirklich mit ihr? Glaubt sie denn, sie kriegt nichts Besseres? Was hat sie noch mal gesagt, was er beruflich macht? Verdient der überhaupt sein eigenes Geld? Oder lässt sie sich wieder ausnützen? Hat der immer so abgelatschte Schuhe an? Warum kann sich der nicht mal die Fingernägel putzen? Warum merkt sie nicht, dass der sich nicht einmal die Fingernägel putzen kann? Glaubt sie wirklich, dass wir von dem ein Enkelkind haben wollen? Wie lange glaubt sie eigentlich, dass das mit dem gut geht? Hat sie immer noch nicht die Schnauze voll von diesen Laberköpfen? Hat sie eigentlich schon erwähnt, was seine Eltern machen? Oder ist das der Typ, der aus dem Waisenhaus kommt? Warum hat sie eigentlich schon wieder einen Neuen? Warum fallen diesen Typen eigentlich immer nur dieselben Blumensträuße mit demselben langweiligen Schleierkraut ein? Kann sie nicht einmal einen kennen lernen, der Arzt ist oder Rechtsanwalt? Warum hat denn der nicht einmal ein eigenes Auto? Hat sie jetzt gesagt, dass sie zusammenziehen wollen oder nicht? Das kann sie doch nicht ernst meinen, oder? Das hat sie doch nicht von uns, dass sie überhaupt keine Menschenkenntnis hat? Warum heiratet die nicht einfach und führt uns nicht dauernd noch so einen Stoffel vor, mit dem das ganz sicher wieder nichts wird? Hat der jetzt wirklich seine Hand an seiner Hose abgewischt? Der wird doch nicht ekelige Schwitzhände haben? Warum sind diese Typen, die sie sich aussucht, eigentlich immer so nervös? Vor uns muss doch keiner nervös sein, oder? Warum guckt der denn die ganze Zeit, als würde er sich fürchten vor uns?

»Hallo. Sie hat uns schon viel von ihnen erzählt. Du kannst übrigens ruhig du zu uns sagen.«

Party-Paar
Warum Sie gemeinsame Auftritte
gut planen sollten

SIE
Was soll ich anziehen?
Den grauen Anzug.
Ich mag aber lieber den schwarzen.
Dann den schwarzen.
Muss ich mich rasieren?
Wäre besser.
Müssen wir da wirklich hin?
Kalle ist doch dein Freund.
Na jedenfalls sehe ich dann Jenny mal wieder.
Von Jenny hat er sich vor zwei Jahren getrennt.
Wirklich? Und wer kommt sonst? Hoffentlich nicht wieder diese Kuh, die immer Alanis Morissette auflegt.
Nein, die hat sich vor den Zug geworfen, nachdem du laut über verklemmte Puten mit einer Schwäche für Klampfen-Elsen doziert hast.
Dann wird es ja wenigstens diesmal ein netter Abend.
Bestimmt, Liebling.
Ich habe das Geschenk besorgt. Ich kenne die Adresse. Ich fahre. Ich sage, versuch bitte heute keine Witze über die kurzsichtige Frau von Jörg zu machen. Er guckt aus dem Autofenster und legt sich gerade die erste Pointe zurecht. Ich mache Smalltalk. Er steht stumm daneben. Ich sage, wie wärs, wenn du uns Wein holst? Er sagt, ich weiß aber nicht, wo. Ich hole Wein. Er trottet hinterher. Ich frage, willst du mir den ganzen Abend an den Hacken kleben? Er sagt, du wolltest ja unbedingt hierher. Er beginnt, die Plattensammlung des DJs durchzusuchen. Er grunzt bei jeder zweiten Platte verächtlich. Ich gehe in die Küche und helfe abzuwaschen. Er setzt sich auf den Mantelstapel im Schlafzimmer und guckt »Das aktuelle Sportstudio«. Ich stoße nach einer Stunde zurück zur Party. Er steht in einem Kreis herzlich lachender Frauen. Er imitiert gerade, wie ich immer schnarche. Er erzählt, dass er im nächsten Sommer ein Segelboot kaufen wird und auf dreimonatigen Einhandtörn im Mittelmeer gehen wird. Ich höre davon zum ersten Mal. Er tanzt Lambada mit einer vollbusigen Schwarzhaarigen. Er tanzt sonst nie. Gegen halb fünf trage ich ihn zusammen mit Kalle ins Auto. Aus seiner Tasche fällt ein Zettel mit einer Telefonnummer.
War doch nett, die Party. Hast du dich auch so gut amüsiert?
So gut wie lange nicht mehr, Liebling.

ER

Können wir jetzt endlich gehen?
Gleich, ich muss mir noch die Beine rasieren.
Wieso denn, du trägst doch eine Hose?
Nur noch zehn Minuten. Findest du eigentlich, dass ich zugenommen habe?
Nein, du siehst großartig aus.
Das sagst du doch nur, weil du endlich hier raus willst.
Stell dich doch auf die Waage, die lügt nicht.
Damit ich völlig deprimiert bei Kalle einlaufe und du allen Frauen Leid tust?
Im Auto fragt sie, wen ich mit meinem Rasierwasser beeindrucken will. Niemand, sage ich, wieso? Weil du das bei mir nie nimmst. Jeden Tag, aber das ist dir wohl entgangen. Sie schweigt. Ich erspähe einen Parkplatz vor Kalles Nachbarhaus. Sie fährt weiter. Das ist ein Signal. Es bedeutet: Wir sind zwar ein Paar, aber nicht heute Abend. Ich definiere mich nicht über meine Beziehung. Schon gar nicht, wenn andere Leute im Raum sind. Wir parken fünfzehn Minuten Fußweg von der Party entfernt.
Habt ihr euch gestritten, weil ihr so spät kommt, will Kalle wissen. Nein, sage ich, alles im grünen Bereich, ich brauche jetzt dringend einen Drink. Ich gehe in die Küche, ess die Reste von den abgefutterten Buffettellern und lasse mir von Vanessa erzählen, dass sie sich ein Handy angeschafft hat, weil Stefan immer noch Telefonterror macht. Vanessa ist die beste Freundin meiner Liebsten, aber meine Liebste steht immer noch im Wohnzimmer und redet mit Kalle und seinem neuen Untermieter, diesem langweiligen Philosophie-Studenten, über die strukturellen Asymmetrien in postmodernen Partnerschaften. Seitdem du den Typen los bist, siehst du übrigens hinreißend aus, sage ich zu Vanessa und schreibe mir ihre Handy-Nummer auf. Meine Liebste kommt in die Küche, sieht uns reden und Martinis trinken und beginnt wortlos das Geschirr zu spülen. Irgendein Idiot legt Alanis Morissette auf. Klasse, jubelt Vanessa, endlich ein Stück, zu dem man tanzen kann. Während ich ihr folge, kann ich hören, wie ein Stapel Dessertteller zu Bruch geht.

Die Ex-Files
Schatten der Vergangenheit

SIE Es gab eine Zeit, als der Mann noch Haare hatte und schmale Wangen und einen lodernden Blick. Das entnehme ich zumindest seinem Passfoto, dessen schockierender Anblick ohne Umschweife zu der Frage führt, auf wen er diesen lodernden Blick einst geworfen hat und wer ihm durch die Haare fuhr, als die noch auf dem Kopf wuchsen und nicht auf dem Rücken. Mit anderen Worten: Welche verdammten Weiber es gewagt haben, sich früher mal an meinem Kerl zu vergreifen.
Das so genau wie möglich zu wissen ist für eine Hochrechnung über die Chancen der jetzigen Beziehung unverzichtbar. Durch völlig beiläufige, komplett desinteressierte Vernehmungen (»Und wie war die Schlampe so im Bett?«) kann man erfahren, dass er schon immer Frauen mit kleinen Brüsten geliebt hat (beruhigend), aber fast nur dunkelhaarige (beunruhigend), dass er aus purer Faulheit Anhänger langer Beziehungen ist (beruhigend), aber auch mal monatelang zwischen Wien und Graz pendelte, um gleich zwei Damen glücklich zu machen (beunruhigend) – ohne dass die davon das Geringste bemerkt hätten (müssen bekloppt gewesen sein, trotzdem sehr beunruhigend).
Und nun? Nun gibt es drei Möglichkeiten, mit der Vergangenheit klarzukommen. Erstens: durch die Einsicht, dass die Ehemaligen so wenig mit seinem derzeitigen Leben zu tun haben wie, sagen wir mal, seine Ex-Haare, Ex-Klamotten (Afghanen-Mantel) und Ex-Überzeugungen (Titoismus) – alles blöde Angewohnheiten, längst abgelegt. Zweitens: statt mit der ladyliken Zählung der eigenen Lover (geteilt durch zwei plus drei minus diejenigen, mit denen man nicht gefrühstückt hat) mit der bitteren Wahrheit zu kontern: »Ich? Hm, lass mich nachrechnen … 33, 34, ach nein, da war ja noch der kleine Referent auf dem Kongress, 35, und die zwei auf Goa, macht 37, und dann …« Und drittens und bestens: mit der Erkenntnis, dass man den Mann zwar leicht angeditscht übernommen hat, dafür aber als stubenreinen Sitzpinkler, weitgehend zivilisiert und halbwegs bewandert in den essenziellen Liebestechniken.
Also – danke, die Damen. Unbekannterweise. Ihr habt mir viel Arbeit erspart.

ER Was Geschichte betrifft, ist meine Haltung eindeutig. Totale Verdrängung und Verleugnung, wenn es um mich geht; und zur Kompensation vollständige Aussöhnung mit ihrer Vergangenheit. Mit Ingolf zum Beispiel. Ingolf ist ihre peinlichste Jugendsünde, der Mann zehn oder zwölf Männer vor mir, so genau wissen wir beide es nicht. Manchmal besucht er uns auf der Durchreise zu einem Kurzfilmfestival oder Wurzel-Chakra-Seminar, und dann serviere ich den beiden Apfelkorn, ihr Lieblingsgetränk, als sie einander noch liebten und das Paar des Jahrhunderts waren, so locker, so lässig, so libidinös, so unglaublich öde. Ingolf erzählt gerne darüber, man muss ihn nur abfüllen, und schon sprudeln die schönsten Details aus ihm: ihre Dauerwelle aus dem Wintersemester 1982, ihr Faible für Faltenröcke und Simon and Garfunkel, ihr unglückseliger Untreueversuch mit einem Kommilitonen, der sich dann doch mehr für sein Motorrad als für sie interessierte, und ihre Liebe zu Lava-Lampen. Nichts hat Ingolf vergessen, weder ihre Brandreden gegen genitalfixierte Sexualität noch ihre Cowboystiefel und auch nicht den Plan, die Welt der Wissenschaft aus den Angeln zu heben – der Mann ist ein Phänomen des Langzeitgedächtnisses.
Und sie? Sie hört zu, sie windet sich, sie schweigt. Ingolf kann man nicht unterbrechen, er hört nie zu, daran ist damals ihre Liebe zerbrochen. Und ich? Ich lasse es mir nicht anmerken, aber ich genieße es. Nie wirke ich so sensibel, so strahlend, so vollkommen wie bei Ingolfs Besuchen.
Wenn er sich endlich verpisst hat, fühle ich mich sicher genug, sie zu fragen, wie er denn so war – im Bett. Scheiße, sagt sie verbittert, kam immer zu früh und ging zu spät, darin ist er sich treu geblieben. Tut mir Leid, sage ich und erzähle noch ein wenig von meinen ehemaligen Geliebten, von diesem Supermodel zum Beispiel, das verrückt war nach meinen Händen und leider jung starb, oder von der Frau, die mich in die Liebe einführte, eine unbekannte amerikanische Popsängerin, die sich später Madonna nannte und sich vermutlich nicht mehr an mich erinnert. Manche haben eben Glück. Ich vor allem. Mit Ingolf.

Heiraten oder nicht?
In guten wie in schlechten Tagen

SIE An dieser Stelle muss ich ausnahmsweise mal ernst werden. Der Mann an meiner Seite ist ja ziemlich gut so weit, nur in einem Punkt ein Komplettversager: Er verweigert mir beharrlich das Menschenrecht auf eine Hochzeit. Ich will aber, dass ihm einer sagt, dass er jetzt die Braut küssen darf. Ich will, dass er einen unbequemen Anzug anhat. Ich will ein sauteures Kleid tragen, das danach bis an mein Lebensende im Schrank hängt, ganz rechts außen. Ich will eine Liste schreiben, auf der »1 Raclette-Grill, 6 Spaghettiteller, 12 Grappagläser« steht, auch wenn ich nicht die geringste Ahnung hätte, was ich mit dem Krempel anfangen würde. Ich will ein blaues Strumpfband haben und einen Blumenstrauß hinter mich schmeißen und eine absurde Torte anschneiden, zu zweit, als ob das nicht allein schon schwierig und schmierig genug ist. (Zu zweit eine schmierige Torte anschneiden, ist das eine Metapher für das Leben in einer Beziehung? Wahrscheinlich.) Ich will sogar entführt werden und einen Baumstamm durchsägen müssen, ich will all die völlig sinnlosen Dinge tun, für die man sich später schämt, wenn die Fotos entwickelt sind, die man aber nur einmal im Leben tut, es sei denn, man ist Liz Taylor, da hat man schon viele Bäume durchsägen müssen, aber immerhin auch jedes Mal einen fetten Brilli dafür kassiert.
Mit anderen Worten: Ich will eine in Wahnsinn aufgelöste, komplett unzurechnungsfähige Braut sein, und er will es mir nicht gönnen. Männer wollen nie heiraten, sie tun es nur, um ihren Frauen eine Freude zu machen. Das macht diese Heiratsfrage ja so kompliziert: Man will schließlich nicht gefragt werden (schön romantisch, aber nicht peinlich, auf keinen Fall Linda-de-Mol-mäßig und schon gar nicht mit »Hasse Bock?« – schon das kriegen die meisten Männer nicht hin), bloß weil man so genervt hat. Dann lieber gar nicht. Andererseits: Man will halt doch, irgendwie. Schon um später hin und wieder probieren zu können, ob man den Ring auch ohne Seife noch runterkriegen würde.

Heiraten oder nicht?

ER Ob Frank kommt? Klar kommt Frank. Warum soll er denn nicht kommen? Ich meine, so viel säuft er auch wieder nicht. Wir können ihn ja zum DJ machen, dann ist er beschäftigt. Was hast du denn gegen ein paar richtige Anheizer? Die Leute, die wir kennen, sind doch alle in den 80ern groß geworden, die finden AC/DC sicher klasse. Ja, okay, Vanessa nicht und deine Eltern auch nicht und meine auch nicht, aber wir heiraten schließlich nicht für meine und deine Eltern, sondern für uns. Was heißt »für Frank auch nicht«? Soll ich ihn jetzt ausladen oder was? Okay, wenn du Vanessa auslädst. Ich hab wirklich keinen Bock auf diese Höhere-Töchter-Nummer. Nein, ich habe nichts gegen Vanessa, das weißt du doch. Ich will sie bloß nicht wieder unter einem Typen hervorziehen wie bei unserer letzten Party. Und du solltest dir ruhig schon mal überlegen, wie du reagierst, wenn sie in ihrem rückenfreien Versace-Teil einläuft. Ist ja deine beste Freundin.
Auf keinen Fall Patrick und Birgit. Birgit kommt doch ohne ihren Biker gar nicht. Und dann kannst du dir ja ausmalen, was für einen Flunsch Patrick den ganzen Abend lang zieht. Da können wir gleich unser Begräbnis feiern. Was heißt zynisch? Ich versuche bloß, realistisch zu sein. Okay, dann Birgit und Patrick, aber sag bloß nicht, ich hätte dich nicht gewarnt. Hast du dir eigentlich schon Gedanken darüber gemacht, wann wir uns zurückziehen wollen? Na, für die Hochzeitsnacht, ist doch klar. Was willst du damit sagen? Ich jedenfalls will eine Hochzeitsnacht haben, ich meine, sonst kann man das Heiraten auch gleich lassen. Du willst doch auch ein weißes Brautkleid haben. Nein, das ist nichts anderes. Weißes Brautkleid und Hochzeitsnacht, oder: kein weißes Brautkleid. Ist mir doch egal, was du sonst anziehen sollst, wie wärs denn mit Schwarz, ich dachte, das passt immer. Tut mir Leid, ich habs nicht so gemeint, ich bin eben nervös. Natürlich will ich dich heiraten, wie kommst du denn darauf?

Krank
Die Liebe als Pflegefall

SIE »Und die Asche soll über der Bucht von San Francisco verstreut werden. Kannst ja einen netten Urlaub anhängen, wenn du die Urne ausgekippt hast. Bist ja bestimmt froh, mich endlich los zu sein. Bleibst ja sowieso nur aus Mitleid bei mir. Und auf meinem Grabstein soll stehen ›Hier liegt ein großer Schreiber, Liebhaber und Koch‹«, sagt er röchelnd. Ganz richtig, der Mann hat Schnupfen.

»Quatsch, eine schwere Sommergrippe!«, wehrt er sich. »Die gefährlichste Art. Australische Killerviren. Stand doch neulich erst in der Zeitung. Hust, hust, hust.« Mit einem hat er völlig Recht: Ich bleibe nur noch aus Mitleid da.

Das Schlimme ist ja nicht, vollgerotzte Taschentücher aus dem Bett zu fischen (selbstverständlich immer nur von meiner Seite des Bettes) oder halbstündlich frischen Tee zu kochen, der dann ungetrunken abkühlt, weil er zu schwach ist, die Tasse zu heben. Das Schlimme ist auch nicht, dass ich ihn entweder belästige oder vernachlässige, je nachdem, wie langweilig ihm gerade ist. Das Schlimme ist, dass ich immer mehr davon überzeugt bin, dass er die gute, alte »Der Mann ist krank«-Nummer nur durchzieht, um mir eine Freude zu machen.

Denn es ist doch so: Männer leiden nicht. Woran auch? Es geht ihnen ja prima. Sie sind groß, stark, weitgehend gefühlsimprägniert und immun gegen lästige Anfälle von Selbstzweifel. Richtig weh tut ihnen höchstens, wenn Jacques Villeneuve in der ersten Runde einen Motorschaden hat oder schlimmer noch, Schumacher gewinnt. Oder, auch ganz schlimm, Bayern München gewinnt. Obwohl die jetzt ja Effenberg haben. (Was einen unlösbaren Ideologiekonflikt ausgelöst hat – »Darf man die jetzt noch Scheiße finden?« – und ganze Stammtische per Magengeschwür dahinraffen wird.) Nein, verschnupfte Männer tyrannisieren uns nur aus purer Höflichkeit. Damit wir sie einmal richtig bedauern können. »Liebling, kannst du mir bitte – hust, röchel, keuch – Zigaretten holen, ich kriege kaum noch Luft ...« Aber sicher, Süßer.

Krank

ER Unterschied zwischen mir und ihr? Ich bin zweimal im Jahr ein paar Tage krank, sie leidet ein Leben lang. Nicht an richtigen Krankheiten wie Zahnschmerzen oder der Australischen Grippe, sondern – an sich selbst. Das allerdings kann ich verstehen. Wie sollte sie sich auch gesund fühlen können, wenn sie doch weiß, dass unter ihrer Gesichtshaut, die jetzt noch glatt und seidenweich und zum Abküssen ist, freie Radikale ihr böses Spiel treiben, um sie vor der Zeit älter aussehen zu lassen? Das Dumme daran: Gegen freie Radikale helfen nur weniger Schokolade und Kosmetik im Wert einer Villa, kein Radikalenerlass und keine liebevolle Psychotherapie (»Liebling, es ist normal, dass die Spannkraft der Haut ab dem 12. Lebensjahr nachlässt«, versuche ich zu lügen. »Willst du damit behaupten, dass meine Haut aussieht wie die einer 13-Jährigen?«, schluchzt sie. Sie ist übrigens schon weit über 30).

Noch schlimmer allerdings als ihre unumkehrbaren körperlichen Verfallssymptome ist ihre chronische Seelenpein. Wäre sie doch Käseverkäuferin geworden statt Journalistin, dann wäre sie jetzt glücklich, mit einem frankophilen Vacherin-Kenner an ihrer Seite statt einem alpenländischen Menschenfeind! Hätte sich doch damals dieser Engländer, in den sie mit 19 verknallt war, auch in sie verknallt, sie könnte jetzt Orchideen züchten statt Neurosen! Hätte sie doch eine schwarze Naturkrause statt ihrer blonden Schnittlauchhaare! Einen Hund statt keinen! Keine freien Radikale statt welche! Wäre sie doch eine Schwedin statt eine Deutsche, ein Schwein statt eine Mimose, eine andere statt sie selbst, es ginge ihr sicher blendend.

Dagegen hilft nur meine Dr.-Love-Therapie, viel Liebe und Zuwendung, kalorienfreie Schokotorten und glaubwürdig vorgetragene Komplimente über ihren mädchenhaften Körper. Nur manchmal bin ich zu müde zum Heilen. Dann lege ich mir Zahnschmerzen zu oder eine Grippe. Und flüchte ins Bett.

Bei Ikea
Gemeinsame Unternehmungen sind wichtig für die Partnerschaft

SIE Als er und ich neulich zu Ikea fuhren ... Stopp. Was ist falsch an diesem Satz? Richtig: Männer. Fahren. Nicht. Zu. Ikea. Unter keinen Umständen. Besonders nicht mit einer Frau, es sei denn, sie wollen sie rumkriegen.

Also von vorn. Als ich neulich mit ihm zu Ikea fahren wollte, sagte ich beiläufig: »Du, die haben da jetzt so ein brandneues Hifi-Regal, auf dem jede Anlage nach 50 Watt mehr klingt und in dem man 650 CDs unterbringt.« Ein riskanter Eröffnungszug: Selbst Männer wissen, dass auch unter der neuen Regierung nur sterbenshässliche Metalltürmchen zugelassen sind, in denen maximal 20 Kuschelrock-CDs Platz finden. Aber es funktionierte: Er saß im Auto, ich hatte gewonnen.

Eigentlich wollte ich ein Bett. Ein richtiges Bett. Mit Gestell und Matratze. Breit genug für zwei. Mit anständiger Bettwäsche. Was Frauen eben so brauchen in ihrer Spießigkeit. Zehn Minuten später wusste ich, dass ich mal wieder verloren habe. »Wozu brauchen wir einen Duschvorhang?« Ja, wozu eigentlich, es gibt ja mich, und es gibt einen Wischlappen. »Einen Rahmen? Wieso, das Mika-Hakkinen-Poster hält doch gut mit dem Kaugummi.« Ja, Liebling. »Einen Couchtisch brauchen wir auch nicht, der Umzugskarton mit der Spanplatte drauf hat genau die richtige Höhe.« Ja, Liebling, hast ja Recht. Und überhaupt: Wer braucht schon Betten, Kissen, Pfannen, Waschmaschinen, Teppiche, wenn man für das ganze schöne Geld auch eine Carrerabahn mit drei Loopings kaufen kann?

Hey, Ikea-Leute: ein Vorschlag. Baut doch demnächst neben dem Raum mit den Plastikkugeln einen zweiten mit Sony-Playstations. Wir kommen die Jungs dann schon abholen, wenn es über Lautsprecher heißt: »Der kleine Peter möchte jetzt nach Hause.«

Am Schluss habe ich mir wie immer hundert Teelichter gekauft. Als Starthilfe für die Selbstverbrennung.

ER Einmal im Monat muss sie zu Ikea. Weil sie Teelichter braucht. Und schwedische Mandeltorten. Und in Essig eingelegten Fisch, der immer nach Essig schmeckt und nie nach Fisch. Sie behauptet zwar, dass sie nach einem Bett sucht, aber das behauptet sie schon seit drei Jahren. Selbst eine Frau mit ihren Ansprüchen sollte es schaffen, in drei Jahren das richtige Bett zu finden. Warum guckt sie nicht einfach anderswo? Ach ja. Weil es bei Futonia, Habitat, Schlummerland und Bettenparadies keine schwedischen Mandeltorten und Teelichter gibt. So blöd bin ich nicht, als dass ich das nicht längst verstanden hätte. Warum ich allerdings einen ganzen Samstagvormittag opfern soll, nur um dabei zu sein, wenn sie Kerzen und Fischkonserven kauft, will mir noch immer nicht einleuchten.
Ich würde wirklich lieber im Bett bleiben und »Net-Business« lesen, immerhin geht der NASDAQ gerade in den Keller. Aber das würde sie bloß sauer machen. Und außerdem ist es süß, wie sie sich jedes Mal neue Motivationshilfen für mich ausdenkt. Neue Ikea-Hifi-Regale zum Beispiel. Vor vier Wochen wollte sie mir einreden, dass es bei Ikea sexy transparente Duschvorhänge gibt, durch die ich sie beim Duschen beobachten könnte. Als ob das nicht ohne Duschvorhang noch besser ginge. Also fahre ich dann doch immer mit zu Ikea. Mich interessiert einfach, was sie sich noch alles einfallen lassen wird, um mich zu manipulieren.
Natürlich haben wir auch beim letzten Mal kein Bett gefunden. Was sie bei Ikea hatten, war viel zu kurz, viel zu kitschig, Metall ist schädlich für die Gehirnströme, das sieht aus wie Gelsenkirchener Barock, ich habe mir etwas Helleres vorgestellt, passt einfach nicht zu unserem Duschvorhang. Dafür habe ich gelernt, warum ein Bett zu Duschvorhängen passen sollte. Wegen des ästhetischen Gesamteindrucks. Aber wenigstens hatten sie Teelichter. Auf Ikea ist eben Verlass.

Fröhliche Weihnachten
Wie man das Fest der Liebe überlebt

SIE Weihnachten beginnt für mich Ende August und endet Mitte September. Ab da kann ich nämlich keinen Lebkuchen mehr sehen und mich selber auch nicht, weil ich wie jedes Jahr zwei Wochen lang familienpackungsweise Dominosteine und Elisenlebkuchen in mich eingefüllt habe und zum Nachtisch drei Spekulatius quer.
Ab Mitte September kann ich auch Weihnachten nicht mehr sehen, weil dann alle Frauenzeitschriften – dieses Verräterpack! – uns mit den schönsten Weihnachtsgeschenken zum Selbermachen quälen und mich unter vermaledeiten Zugzwang setzen.
Guck mal, die schönen Norwegerpullover, seufzt er sehnsüchtig und nur leicht vorwurfsvoll angesichts des Brigitte-Kreativteils, und aus meinen Ohren dringt Rauch. Ich habe in meinem Leben zwei Pullover für Männer gestrickt, komplizierte! mit Zopfmuster! und Hirschen! und beide Male war kurz nach Fertigstellung die Beziehung flöten und der Pullover gleich mit. Nie wieder. Ich bin ja sonst nicht sehr lernfähig, aber was Arbeitsvermeidung angeht ...
Er ist in dieser Hinsicht etwas anstrengend. Wie alle Männer glaubt er, dass Weihnachten eine Veranstaltung ist, die nur ihm zuliebe stattfindet und sowieso von höheren Kräften arrangiert wird, dass sich von magischer Hand der Baum schmückt, der Stollen backt, die Ente füllt. Das liegt daran, dass alle Männer von höheren Kräften verzogen wurden, von ihren lieben Muttis nämlich, die in monatelanger Fronarbeit den Baum, den Stollen, die Ente und so weiter. (Faszinierenderweise ist er nur zu Weihnachten sentimental und traditionell, nie aber vor den Auslagen besserer Juweliere.) Das Einzige, das Männer je zu Weihnachten beigetragen haben, ist die Tanne in den Ständer zu spannen und zur Belohnung erst mal drei Bier zu trinken. Nicht mit mir, Leute. Kein Weihnachtsstress, keine Plätzchen-Tyrannei, keine mundgeblasenen Strohsterne. Wobei – ich habe da gestern diese wirklich schöne Shetlandwolle gesehen. Bei einer Lauflänge von 180 Metern müsste ich eigentlich mit 16 Knäueln hinkommen ...

ER Wonach ich mich sehne in diesen stillen Tagen? Nach Weihnachten, und zwar nach wirklichen Weihnachten. Nach Zimtsternen und Lebkuchen und einem Baum so hoch, dass man seine Spitze nur auf Zehenspitzen erreichen kann. Nach Lametta und Pulverschnee und vor allem nach leuchtenden Augen, wenn ich meiner Liebsten ganz tief in dieselben blicke.
Soll nicht sein. Denn sie hat Geschmack, und Geschmack geht bekanntlich einher mit einer profunden Verachtung von Kitsch. Deswegen gibt es bei uns keinen Baum: Stattdessen schmückt sie jeden Dezember eine alte provenzalische Darre als, wie soll man es bloß nennen, Weihnachts-Symbol? Weihnachts-Zitat? Postmodernes Xmas-Gebilde? Sieht aus wie aus dem Brigitte-Kreativ-Teil, nur wesentlich avantgardistischer. Das letzte Jahr hingen an der Gemüsesteige übrigens Reißnägel. Statt der Kerzen, ja doch. Und meine Geschenke waren in Zeitungspapier gewickelt, mit einem dicken Tau verbunden. Cool irgendwie. Und irgendwie auch wieder nicht. Stille Nacht, heilige Nacht? Doch, aber nur in der Version von Jimmy Smith, der Mann spielt eine höllische Hammond-Orgel, very funky. Damit auch die Heiligen Drei Könige schön abgrooven können. Wie exquisit. Nur ich sitze da und sehne mich nach einer Blockflöte. Karpfen blau oder wenigstens Würstchen mit Kartoffelsalat – gibt es übrigens auch nicht bei uns. Dafür irgendein asiatisches Edelfresszeug. Schmeckt lecker, zugegeben, aber zu Weihnachten will ich, was alle anderen auch haben. Und richtige Plätzchen. Nicht diese originellen Kreationen aus der australischen Vogue Entertaining. Liebste, bei denen ist gerade Sommer. Die können doch keine Ahnung haben.
Du bist doch nur sauer, dass ich deine Geschenke immer Scheiße finde, sagt sie trocken. Sie verträgt eben keine Kritik. Was soll man sich denn sonst schenken als CDs, Bücher und Geschenke aus Geschenkläden. Tun doch alle. Ich auch.

Wer ist hier der Boss?
Liebe und Macht

SIE Wenn im Krieg und in der Liebe alles erlaubt ist, wie das etwas altväterliche Sprichwort behauptet, dann gefälligst auch Krieg in der Liebe. Scheiß auf die pädagogisch ungemein wertvollen Hinweise in Frauenzeitschriften, wie man sich korrekt streitet, respektvoll anschreit, formvollendet die Birne einschlägt. Kann doch wohl nicht wahr sein, dass ich mich selbst beim Ausrasten noch zusammenreißen soll?
»Atmen Sie tief durch, zählen Sie bis zehn und wiederholen Sie, was ihr Partner eben gesagt hat.«
Atmen, zählen – reine Zeitverschwendung. Und wiederholt wird nur, was ich selbst gerade schon gebrüllt habe: dass er ein gottverdammichter Idiot ist.
Mit Macht, wohlgemerkt, hat das nichts zu tun, nur mit Vergnügen. Machtkämpfe werden stiller geführt. Mit Beharrlichkeit, zarter Tücke und einem liebreizenden Lächeln auf den Zähnen. Die klassischen Erziehungsmethoden versagen allerdings bei Männern, die im Stahlbad des Singletums gehärtet sind. Der Trick, keinesfalls hinterherzuräumen, sondern die dreckigen Socken so lange vor seinem Bett liegen zu lassen, bis er knietief durchwatet, führt verlässlich dazu, dass man am Ende doch wieder selber die Dinger aufhebt, und zwar hysterisch winselnd und mit den Nerven komplett parterre. Kein schöner Anblick.
Wie macht mans also? Man lässt es. Wahre Macht hat man nur, wenn man so aufreizend bedürfnislos, unkompliziert, grundzufrieden mit allem ist, dass die Typen sich schier überschlagen, um herauszufinden, wie sie dieser Zauberfrau zu Diensten sein dürfen. Und ob nicht doch ein geheimer Wunsch in diesem rätselhaften Wesen schlummert. Nichts wollen. Alles kriegen. So einfach ist das.

Wer ist hier der Boss?

ER Ach ja, die Machtfrage. Längst entschieden. Sie sagt, wo es langgeht, ich sage gehorsam ja. Sie sagt: Der Wasserhahn tropft. Ich sage: Wird gemacht und lege die Zange bereit – mit der sie in ein paar Tagen die fällige Kleinreparatur vornehmen wird. Sie sagt: Keine Lust auf Sex. Ich sage: Geht in Ordnung und schlafe ein. Nach einer Woche In-Ordnung-Sagen ist sie so weit, dass sie sich mir überreicht wie ein Weihnachtsgeschenk. Frauen können unersättlich sein, wenn sie geliebt werden wollen. Und so dankbar, wenn man es tut.
Männer, die schlaueren jedenfalls, haben spätestens nach der dritten Scheidung begriffen: Frauen müssen sich einbilden dürfen, das Sagen zu haben, sonst werden sie ganz schnell ganz zickig. Widerspruch? Ertragen sie nicht. Und Kommandos nur, wenn sie von Diätpäpsten oder bescheuerten Modetucken kommen, die für die nächste Saison Miniröcke aus Rauhaardackelpelz befehlen. Dann spuren sie. Und wie.
In der Liebe dagegen wollen sie Prinzessin sein. Mit einem Untertan, der keinen größeren Genuss kennt, als sich vor ihnen in den Staub zu werfen. Kannst du haben, Schätzelchen, ist gar nicht so schwer: fünf geschickt platzierte Komplimente täglich, und aufmerksam wirken, sobald du zum Reden ansetzt, damit du merkst, wie ernst ich dich nehme. Und schon bist du genau so, wie ich dich haben will: mir restlos verfallen. So ist es richtig. Natürlich könnte ich anders. Natürlich könnte ich auch den Macker spielen. Aber dann bekäme ich nur ein Bier und nicht ihre Seele. Und natürlich könnte ich ihr zeigen, wer der Herr im Hause ist. Aber warum sollte ich? Ist doch viel zu anstrengend. Macht hat man oder man hat sie nicht. Ich habe sie. Sie hat dafür das letzte Wort.

Eifersucht
Ein meistens völlig grundloses Gefühl

SIE Du betrügst mich, sagt er. Soso, sage ich. Der hässliche Typ da an der Wand, direkt über deinem Computer. Du meinst Richard Gere, sage ich. Was findst'n an dem so gut, fragt er, sieht doch aus wie ein Hühnerhabicht auf Hühnerentzug. Nix dran an dem, und wahrscheinlich sowieso so eine Hollywood-Tucke. Na, wenn es eine Tucke ist, was regst du dich dann auf, frage ich gelassen, ist doch keine Konkurrenz für dich, Süßer. Ich reg mich doch gar nicht auf. Das nennst du aufregen? Du solltest mal sehen, wenn ich mich aufrege. Schon gut, seufze ich, Richard ist ein Hühnerhabicht und du regst dich nicht auf. Männer sind nicht eifersüchtig. Nur interessiert. Besonders interessieren sie sich für die Vergangenheit. Ich will eben alles von dir wissen, sagt er und dann fragt er nach dem besten Orgasmus meines Lebens (vor ihm), nach der verrücktesten Sache, die ich je für einen Mann (vor ihm) getan habe, und wie die Typen (vor ihm) überhaupt so im Bett waren. Und dass er neulich den X auf der Straße gesehen hat, mit dem hatte ich doch auch mal was, und was ich an so einem Typen eigentlich je habe finden können, ist ihm ein Rätsel. Nur aus reinem Interesse: Wie um Gottes willen habe ich nur so tief sinken können, einen solchen Menschen in mein Bett zu lassen? Jemanden, der so erkennbar – und das sei natürlich nicht gegen mich gerichtet – keinerlei Geschmack hat?

Tja, sage ich, ich kann es ja selbst nicht fassen. Mein Leben vor dir war eine verpfuschte Existenz, ein einziger Albtraum, ein endloses Tal tiefsten, finstersten Unglücks. Wirklich. Du hast mich erlöst, du hast mich erweckt, alle anderen habe ich längst aus meinem Hirn verbannt, ach was: gebrannt. Sie alle verlöschen in der Sonne deines Seins. Ich habe sie nie gekannt.

Gut, sagt er, dann ists ja gut. Nicht dass du glaubst, ich wäre eifersüchtig. Nur interessiert.

ER Nein, eifersüchtig ist sie nicht, sie doch nicht, so tief würde sie nie sinken. Dass die Frauen, die mir außer ihr sonst noch gefallen, dumme Schnepfen sind, sagt gar nichts über sie aus, höchstens über meinen Geschmack, der nur ein einziges Mal nicht das Hinterletzte war – bei ihr. Lauter blöde Kühe, mit denen ich mich treffe, wenn bei ihr der Busen so hängen würde, hätte sie längst einen Termin in der plastischen Chirurgie, und bei so feisten Schenkeln sind Miniröcke ein Schrei nach Liebe, aber einer, der ungehört verhallt. Was ich mit der eigentlich so vertraulich zu besprechen habe, dass sie nicht dabei sein darf, ihr Liebesleben wahrscheinlich, ist doch klar, dass niemand was mit der haben will. Na ja, sagt sie, du wirst sie sicher trösten, und wünscht mir einen schönen Abend.

Wenn ich um zwei Uhr wiederkomme von der Tussi, liegt sie immer noch hellwach im Bett, nicht aus Eifersucht natürlich, sie weiß auch nicht, warum sie nicht einschlafen kann. Liegt im Bett wie eine auf den Panzer gewälzte Schildkröte, starrt Einschusslöcher in die Decke, zupft nervös an ihren Haaren und sagt gar nichts. Was ist los, frage ich. Was soll schon los sein, sagt sie. Nein, eifersüchtig ist sie nicht, so tief würde sie nie sinken.

Zehn Minuten später will sie wissen, warum ich mir eigentlich die Zähne putzen musste, ehe ich weggegangen bin, und warum ich geduscht habe und wie der Abend so war. Schön, sage ich, und dass ich öfter dusche, und dass sie froh sein soll, dass ich mich geduscht habe, bevor ich gegangen und nicht erst, als ich wieder gekommen bin, denn das wäre wirklich verdächtig. Und worüber habt ihr so lange geredet? Über alles Mögliche, sage ich, und sie sagt: Du redest mit der über alles Mögliche, ist ja sehr interessant, und dann klebt sie wieder ihre Lippen zusammen und starrt noch ein paar MG-Salven in die Decke.

Du wirst doch nicht eifersüchtig sein? Du spinnst wohl, sagt sie, nie im Leben, triff dich ruhig weiter mit der Kuh, ich schlafe jetzt. Na dann, gute Nacht.

Langeweile
Über die ewige Wiederkehr des Gleichen

SIE

»Nicht mal nach Katmandu?«, frage ich.
»Nein«, sagt er.
»Indien? Feuerland? Bären jagen in Alaska?«
»Die armen Petzis«, sagt er. »Ich doch nicht.«
»Ich gebe auf. Es gibt wirklich kein Land auf der Erde, wo du immer schon mal hinwolltest?«
»Nein.«
»Okay. Neuer Versuch. Du gewinnst zehn Millionen im Lotto. Was machst du?«
»Ich kaufe mir ein paar CDs. Und einen besseren Scanner. Der Rest ergibt sich.«
»Kein Haus, kein Auto, keine Weltreise?«
»Kein Nestbautrieb, kein Führerschein, keine Lust.«
»Du machst mich fertig. Es kann doch nicht sein, dass du gar keine Träume hast. Das ist doch langweilig. Das ist doch einfallslos. Wie soll es denn weitergehen mit uns?«
»Du meinst, es geht nur mit uns weiter, wenn ich im Lotto gewinne oder Eisbären abknalle?«
»Quatsch. Ich meine, dass du doch nicht im Ernst glauben kannst, dass es immer so weitergeht.«
»Was stört dich denn an unserem Leben?«
»Nichts. Eigentlich.«
»Eigentlich?«
»Na ja, es kann doch nicht sein, dass du bis an dein Lebensende hier auf dem Sofa liegen willst und so ekelhaft wunschlos glücklich bist. Das ist doch lausig.«
»Was soll ich denn noch wollen? Ich habe eine Hose, ich war schon mal am Strand. Ich habe Hummer gegessen, ich bin Schlittschuh gefahren, ich habe einen Job, ich habe eine Frau. Ich habe alles Wesentliche im Leben erledigt. Jetzt muss ich nur noch von Zeit zu Zeit eine kaputte Glühbirne austauschen.«
»Lüge. Du hast in unserer Beziehung noch nie eine Glühbirne ausgetauscht.«

»Super. Dann muss ich nicht mal mehr das machen. Ist doch die perfekte Existenz.«
»Ich finde, du musst mindestens noch eine Sache erleben.«
»Was denn?«
»Wie es sich anfühlt, wegen fortgesetzter Fantasielosigkeit von mir verlassen zu werden.«
»Hm. Okay. Das wäre wirklich noch mal was.«

Langeweile

ER Irgendwann ist es eben nicht mehr so spannend. Völlig normal. Ich meine, wenn man jeden Tag Spaghetti essen müsste, würde man auch nicht gerade in Begeisterungsschreie ausbrechen. Gut, eine Zeit lang versucht man es mit verschiedenen Saucen, mal mit mehr Chili, mal mit zarten Pestos, mal ganz pur, nur ein wenig ölig, aber Spaghetti bleiben es dennoch. Versuchen Sie sich doch einmal vorzustellen, Sie kommen abends nach Hause, haben Hunger, und dann gibt es immer nur Spaghetti. Und der Mensch, der sie Ihnen serviert, sagt: »Guck mal, heute habe ich die Spaghetti ganz kurz geschnitten, sieht das nicht toll aus?« Oder: »Heute habe ich etwas ganz Neues probiert, extrascharfe Spaghetti, richtig heiß.«
Würden Sie sich nicht auch fragen, warum Sie eigentlich immer nur Nudeln essen müssen? Jeden verdammten Abend. Und natürlich auch jeden verdammten Morgen, zum Frühstück. Es ist doch verständlich, dass man sich unter solchen Umständen gelegentlich nach einem blutigen Steak sehnt. Oder gerne wieder einmal Huhn hätte. Nein, ich will damit nichts gegen Spaghetti gesagt haben. Ich liebe Spaghetti, ehrlich. Es gab Zeiten, da konnte ich nicht genug davon bekommen, jeden Abend drei Portionen, und danach hätte ich immer noch was vertragen können. Richtig systematisch habe ich das Spaghetti-Universum erforscht. Na ja, und irgendwann habe ich es eben in allen seinen Aggregatzuständen gekannt.
Was macht man, wenn man ein Universum erforscht hat? Ich weiß auch nicht. Man richtet sich ein darin. Es bleibt einem ja gar nichts anderes übrig. Manchmal ist es ja wirklich noch schön in meinem Universum, ich will mich da gar nicht beschweren. Vielleicht liegt es ja auch an mir. Vielleicht sollte ich mir mehr Mühe geben und die Sache mal ein wenig würziger machen. Oder versuchen, jede einzelne Nudel ganz langsam zwischen meine Lippen zu saugen, liebevoll mit meiner Zunge zu umkosen und dann hingebungsvoll verschlingen. Vielleicht würde mich das glücklicher machen. So wie früher eben, als ich die Spaghetti für mich entdeckt habe.

Glück
Über ein flüchtiges Gefühl

SIE »Sag mal«, fragt er, während er die Zwiebeln schneidet, »bist du eigentlich glücklich mit mir?«
Hoppla. Eine dieser Fragen, die kein normaler Mann je stellt. Es sei denn, er hat ein massiv schlechtes Gewissen. Okay. Erst mal sondieren.
»Warum fragst du?«
»Och, nur so.«
Klassische Frage, klassische Antwort. Selber schuld, Mädchen. Also noch mal: »Klar bin ich glücklich mit dir.« Und jetzt schweigen. Schweigen. Schweigen. Schwei…
»Dann ists ja gut.«
Moment mal. So schnell kommst du mir nicht davon. Wenn du einen größeren Köder brauchst, bitte.
»Meistens jedenfalls.«
»Ach?«
Na bitte. »Mhm.« Schweigen, schweigen, schw…
»Und wann? Wann bist du glücklich mit mir?« Herrgott, sie stellen doch immer die falschen Fragen.
»Hm.« Jetzt muss ich wirklich nachdenken. »Bei ganz banalen Dingen. Zum Beispiel, wenn wir samstags einkaufen und ich dich mit dem Einkaufswagen vor dem Regal mit den Sahnequarks sehe. Oder wenn du versuchst zu tanzen. Oder wenn du mich anrufst, nachdem ich gerade in New York angekommen bin, und ich weiß, dass es bei dir drei Uhr nachts ist. Oder wenn ich höre, wie du dir selbst laut aus einem Buch vorliest, weil dir die Sprache so gut gefällt. Ich bin sogar glücklich, wenn ich nachts aufwache und du neben mir schnarchst. Dann könnte ich dir stundenlang zuhören.«
»Wirklich?«
»Nein. Natürlich nicht.« »Oh.«
»Aber kannst du mir jetzt bitte endlich mal sagen, warum du mich gefragt hast?«
Er räuspert sich. Lange. »Weil ich gerade so gedacht habe. Dass ich. Sehr. Glücklichmitdirbin.«
»Bitte?«
»DASS ICH SEHR GLÜCKLICH MIT DIR BIN! IMMER! JEDEN TAG! ZU JEDER MINUTE!« Er räuspert sich wieder. »Habe ich gerade so gedacht.«

ER Ob ich glücklich bin, wollen Sie wissen? Ja, ich bin glücklich. Und zwar ihretwegen. Nicht jede Minute, aber sicher jeden Tag ein paar Minuten, und das ist ja fast wie jede Minute. Ich kann nicht viel darüber erzählen, weil Sie es wahrscheinlich gar nicht verstehen würden. Glück ist das Langweiligste auf der Welt. Es passiert ja nichts Besonderes, wenn man glücklich ist. Ich meine, da sind keine Feuerwerke und keine Fanfaren, und meistens gerät man noch nicht einmal aus der Fassung, wenn man glücklich ist.

Sie kommt zum Beispiel von irgendeinem Abendtermin nach Hause und schminkt sich schnell ab und kriecht zu mir ins Bett, und ihre Füße sind kalt, und ihr Hintern ist noch viel kälter: völlig langweilig, aber es macht mich glücklich. Weil sie es ist, und weil sie so ist, wie sie ist, und nie anders sein wird. Oder wenn sie im Bad vor dem Spiegel steht und sich zu schminken versucht. Nichts Besonderes, werden Sie sagen, aber das sagen Sie nur, weil Sie nicht wissen, dass sie ohne Brille völlig blind ist und deswegen beim Schminken fast am Spiegel klebt. Das ist zwar zugegeben auch nichts Besonderes, aber es erinnert mich jedes Mal an unseren ersten gemeinsamen Morgen, und deswegen macht mich der Anblick dieser halb blinden Frau mit ihrer Mascara unsagbar glücklich.

Oder wie sie sich in der Sonne räkeln kann. Ich kenne niemanden, der sich so gut in der Sonne räkeln kann wie sie. Nicht einmal Katzen schaffen das. Stundenlang kann sie sich in der Sonne räkeln. Endlich Sonne, sagt ihr Körper (ja, sie hat meistens beim Räkeln nichts an, wenn es sich vermeiden lässt, aber darum geht es hier gar nicht), endlich Sonne, sagt ihr Körper also, während er sich räkelt, und schon bin ich selbst, indem ich ihr beim Räkeln zusehe, über die Sonne glücklich, obwohl mir Sonne noch nie viel bedeutet hat. Oder wie sie am Morgen ist. Wach und freundlich. Gut, manchmal geht mir das auf die Nerven, aber meistens macht es mich glücklich. Weil es mir doch sagt, dass die Welt immerhin so schön ist, dass sie eine immerhin grundvernünftige und sehr abgeklärte Frau dazu bringt, wach und freundlich zu sein, und sofort fühle ich mich auch ein bisschen besser und – wie soll ich sagen? – beschenkt. Ich meine, kann man es besser haben? Gibt es etwas Besseres, als mit einer Frau zu leben, die einen kalten Hintern hat, beim Schminken am Spiegel klebt, sich wie eine Katze in der Sonne räkeln kann und jeden Morgen wach und freundlich ist? Ich glaube nicht, dass es etwas Besseres gibt. Und deswegen bin ich glücklich.

Jüngstes Gericht
Kein Scheidungstermin

SIE + ER

Richter: Sie wollen sich also scheiden lassen.
Sie und er: Nein.
Richter: Warum sind Sie dann hier?
Sie und er: Wir dachten, es würde Ihnen Freude machen, einmal einem Paar gegenüberzusitzen, das sich liebt.
Richter: Schön für Sie.
Sie und er: Ja.
Richter: Und Sie haben einander wirklich nichts vorzuwerfen? Keine Seitensprünge, keine seelische Grausamkeit, keine Vernachlässigung der ehelichen Pflichten?
Sie und er: Nicht der Rede wert.
Richter: Irgendetwas muss Sie doch ankotzen aneinander.
Sie und er: Nein.
Richter: Reden Sie immer gleichzeitig?
Sie: Nein.
Richter: Wie lange sind Sie denn schon zusammen?
Er: Sieben Jahre –
Sie: – drei Monate und, ich habs gleich, achtzehn Tage.
Richter: Kinder?
Er: Nein.
Richter: Sie müssen keine Angst vor der eigenen Courage haben. Wenn Sie wollen, sind Sie in zehn Minuten geschiedene Leute.
Sie: Nein. Wir lieben uns doch.
Richter: Wenn Sie wüssten, wie viele ich hier sitzen habe, die sich immer noch lieben.
Sie und er: Aber wir lieben uns wirklich. Wieso sollten wir uns dann scheiden lassen?
Richter: Weil ihnen fad ist. Weil es im Bett nicht mehr stimmt. Weil Sie keine Kinder haben. Weil er ihre Kreativität behindert, weil sie den Skilehrer angeschmachtet hat, weil er endlich erkannt hat, dass er in Wirklichkeit schwul ist, weil sie es nicht mehr erträgt, dass er dauernd in löchrigen Socken herumrennt. Suchen Sie sich was aus.
Sie: Woher wissen Sie das mit den Socken?

Richter: Na also. Können wir jetzt endlich anfangen?
Sie: Aber ich liebe ihn.
Richter: Woher wollen Sie das denn wissen?
Sie: Ich fühle mich amputiert, wenn wir mal drei Tage voneinander getrennt sind. Ich bin immer noch verknallt in ihn, obwohl er sich manchmal ziemlich gehen lässt. Wenn ich alleine in einer fremden Stadt bin, denke ich immer noch, wie schade es ist, dass er das jetzt nicht sehen kann. Ich sehne mich immer noch danach, dass er seine warmen Hände auf meinen kalten Hintern legt. Genügt ihnen das?
Richter: Haben Sie sich schon mal auf ihren Geisteszustand untersuchen lassen?
Er: Moment mal!
Richter: Sie sind jetzt nicht dran! Merken Sie nicht, dass er Sie dauernd am Reden hindern will? Bei den anderen Damen ist das ein sehr beliebter Scheidungsgrund.
Er: Jetzt reicht es aber!
Richter: Zügeln Sie sich, junger Mann, oder ich lasse Sie wegen Missachtung des Gerichts festnehmen.
Sie: Tun Sie nicht!
Richter: Und Sie gleich mit!
Er: Doppelzelle?
Richter: Ich warne Sie zum allerletzten Mal! Wenn Sie ihn so lieben, wie Sie behauptet haben, liebt er Sie denn auch?
Sie: Ich glaube schon.
Richter: Glauben ist nicht wissen.
Sie: Fragen Sie ihn doch.
Richter: Also Angeklagter, lieben Sie sie?
Er: Ich bin doch gar nicht angeklagt.
Richter: Das werden wir schon noch sehen. Ob Sie sie lieben, will ich wissen.
Er: Logisch.
Richter: Logisch ist es erst, wenn Indizien dafür sprechen.
Er: Ich finde sie immer noch ziemlich scharf. Sie nicht?
Richter: Na ja.
Er: Hören Sie mal, ist doch alles dran, was dran sein muss.
Richter: Wenn Sie meinen.

Er: Ich versteh Sie nicht, Euer Ehren.
Richter: Ein bisschen größer könnten die Brüste schon sein.
Er: Mir nicht. Für mich sind sie perfekt.
Richter: Das legt sich. Warten Sie noch mal fünf Jahre. Dann hängen die sicher auch.
Er: Äh. Moment mal, wieso reden wir hier eigentlich über ihre Brüste?
Richter: Weil alles auf den Tisch kommen muss, was diesen Fall betrifft.
Er: Wir haben doch gar keinen Fall.
Richter: Das lassen Sie ruhig meine Sache sein. Was essen Sie eigentlich am liebsten?
Er: Wiener Schnitzel.
Richter: Und wann gab es zuletzt Wiener Schnitzel bei Ihnen?
Er: Das ist schon Monate her. Leider.
Richter: Aha. Welche Augenfarbe hat ihre Liebste denn?
Er: Äh. So ein blaues Graugrün halt.
Richter: Blau! Blitzblaue Augen hat sie! Sie sind sieben Jahre, drei Monate und achtzehn Tage mit der Dame zusammen und wissen nicht einmal, welche Farbe ihre Augen haben! Und Sie haben die Kühnheit zu behaupten, dass Sie sie lieben! Aber wahrscheinlich haben Sie nur Augen für ihre Brüste! Also, wirklich.
Er: Ähmm ...
Richter: Und mit Ihrer Liebe kann es ja auch nicht weit her sein, wenn er seit Monaten kein Wiener Schnitzel bekommen hat.
Er: Ich will mit ihr alt werden. Ich will sie aus Schnabeltassen füttern. Ich mach mir jedes Mal Sorgen, wenn sie verreist. Dass das Flugzeug abstürzt oder ein Killer sie umnietet.
Richter: Oder dass sie fremdgeht ...
Sie: Nein.
Richter: In meinem Gericht wird nicht gelogen, Madame.
Sie: Ich gehe aber nicht fremd.
Richter: Er geht sicher fremd, so wie er aussieht.
Er: Nein.
Richter: Doch. Jeder geht fremd.
Er: Ich nicht.
Richter: Doch.
Er: Nein.

Richter: O doch.
Sie: Mir doch egal.
Richter: Das ist Ihnen also egal?
Sie: Ich liebe ihn trotzdem.
Richter: Er liebt Sie aber nicht.
Er: Doch.
Richter: Obwohl sie fremdgeht?
Sie: Moment mal.
Er: So wichtig ist Sex auch wieder nicht.
Richter: Wann hatten Sie zum letzten Mal Geschlechtsverkehr?
Er: Vor ein paar Tagen.
Sie: Vor fünf Tagen.
Richter: Wenn Sie sich lieben würden, hätten Sie öfter Geschlechtsverkehr.
Sie: Wir sind aber beide gekommen. Fast gleichzeitig.

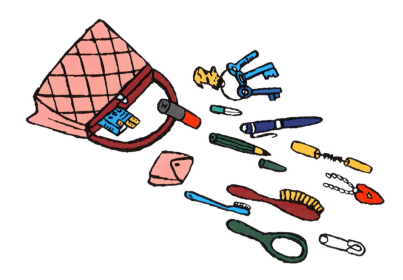

Er: Das geht ihn doch wirklich nichts an.
Richter: Und ob mich das etwas angeht! Wenn Sie sich lieben würden, wären Sie nicht nur fast, sondern völlig gleichzeitig gekommen.
Sie: Quatsch.

Er: Vielleicht sollten wir besser gehen.
Richter: Sie gehen erst, wenn ich mit ihnen fertig bin. Wer macht bei Ihnen zu Hause die Drecksarbeit?
Sie und er: Die Putzfrau.
Richter: Wer sorgt für die Unterhaltung?
Sie und er: Der Fernseher.
Richter: Wer sagt öfter zum anderen, dass er ihn liebt?
Sie: Er.
Er: Sie.
Richter: Wer von ihnen beiden ist langweiliger?
Er: Ich.
Sie: Ich.
Richter: Wer ist dominanter, Besitz ergreifender, lustloser, die Persönlichkeit des anderen behindernder, perverser, anspruchsvoller, fantasieloser?
Er und sie: Ähmm?
Richter: Wie lange wollen Sie dieses Theater noch durchziehen?
Sie und er: Welches Theater?
Richter: Abführen! Sie kriege ich schon noch klein! Ich rufe auf: Scheidungssache XV/56789/2000, Prinzessin Caroline und Prinz Ernst August, wär doch noch schöner, was bilden diese Idioten sich eigentlich ein, zu behaupten, dass sie sich lieben ...

Die Autoren

SIE Meike Winnemuth, geboren am 19. Juni 1960 in Neumünster, Schleswig-Holstein. Fantastische, wenn auch geschlechtsspezifisch missglückte Kindheit (Lieblingsspielsachen: Fischer-Technik Elektronikbaukasten, Teddy; durfte wg. Nachnamen Häuptling sein). Früheste, nur zögernd verworfene Berufsperspektiven: Ornithologin, Innenarchitektin, Käseverkäuferin. Bis heute verblüffende Fachkenntnisse in allen drei Bereichen. Frühestes sexuelles Erlebnis: den Teil mit der Badehose von Mark Spitz in den BRAVO-Starschnitt zu kleben. Früheste männliche Idole: Lucky Luke, Fred Astaire, Adam Cartwright. Früheste Ahnung, dass die Sache mit dem Sex nicht immer einfach ist: Fotos von Frauen im Quelle-Katalog, die ihre Schultern mit »Massage-Stäben« bearbeiteten. Lieblingsort: Bett. Lieblingsbeschäftigung: Schlafen. Schlechte Laune kriege ich, wenn ich: aufwache. Die schlechte Laune legt sich, wenn ich: sehe, wie Peter Praschl im Schlaf in sein Kissen beißt. Ungewöhnlichster Ort, an dem ich keinen Sex hatte: die Ägyptische Suite im Stundenhotel »Orient«, Wien. Die im Boden eingelassene Marmorbadewanne war ja noch sexy, aber der Latexbezug unter dem Bettlaken ...
Erschütterndster Satz, den ein Mann je zu mir gesagt hat: Du bist wie ein Mann, nur mit den richtigen Geschlechtsteilen. Das Erschütternde daran: Es könnte stimmen.

ER Peter Praschl, geboren am 26. Oktober 1959 in Linz, Oberösterreich. Völlig uninteressante, untraumatisierte, rundum glückliche Kindheit (Höhepunkte: Nachsitzen am allerersten Schultag, zwei Wundertore aus unmöglichem Winkel gegen die Typen aus der anderen Siedlung). Im Gymnasium fünf Jahre lang Klassenbester, danach Pubertät, Studium der Philosophie in Wien, Journalismus, Karriere, blablabla. Früheste weibliche Idole: die Unterwäsche-Models im Quelle-Katalog, Heilige Jungfrau Maria (»gebenedeit sei dein Leib«), Monika Klepp (Gymnasium, Deutsch, Kleopatra-Frisur). Früheste Ahnung, dass die Sache mit dem Sex nicht immer einfach ist: Als ich, um einer Frau zu imponieren, in ihren Leichtathletikverein eintrat – und nach dem ersten Zirkeltraining zusammenbrach. Lieblingsort: Bett. Lieblingsbeschäftigung: Danach sofort einschlafen. Schlechte Laune kriege ich, wenn: sie mich aufweckt. Die schlechte Laune legt sich wieder, wenn ich: ihr Mienenspiel beobachte, während der Waagenzeiger nach rechts wandert. Ungewöhnlichster Ort, an dem ich Sex hatte:

Hamburg. Merkwürdigstes Tête-à-tête mit einer Frau: Im Warteraum der Schreinemakers-Show Lollo Ferrari gegenüber gesessen zu haben (kann man nicht wirklich Tête-à-tête nennen, glaube ich). Erschütterndster Satz, den je eine Frau zu mir gesagt hat: Ich mag dich so, wie du bist.

Kitty Kahane
Geboren am 14. Oktober 1960 in Berlin. Aufgewachsen in Berlin. Grafikstudium an der Kunsthochschule Berlin-Weißensee. Zu ihren Kunden zählen unter anderem die Rosenthal- und die Volkswagen AG.

Dominique Kahane
Der Ideenreichtum der Illustrationen in diesem Buch ist vor allem auf die zwanzigjährige Beziehung/Ehe mit Dominique Kahane zurückzuführen. Der Grafiker ist für Layout und Satz dieses Werks verantwortlich.
Somit sind die »Zweierkisten« ein echtes SIE/ER-Produkt; sowohl die Autoren als auch Künstlerin und Grafiker sind im wahren Leben ein Paar.

Das Liebesspiel

Liebe Leserin, lieber Leser,
Auf der folgenden Seite finden Sie heraustrennbare Liebesspiel-Kärtchen. Das Spielprinzip beruht auf dem berüchtigten »Gänseblümchen-Test«, den jeder von uns in seiner Jugend schon einmal durchgeführt hat. Und so funktioniert es:

1. Alle Kärtchen sorgfältig heraustrennen.
2. In SIE- und ER-Kärtchen aufteilen.
3. Die Kärtchen jeweils mischen und dann fächerförmig verdeckt vor sich ausbreiten. Ein Kärtchen ziehen. Die Aussage darauf gibt bereits einen wichtigen Hinweis auf den Gefühlszustand des Partners.
4. Weitere 3 Kärtchen ziehen. Die letzte Karte sagt Ihnen, wie sehr das Herz des anderen für Sie schlägt.
5. Sie können die Kärtchen auch als Botschaften an den Partner benutzen. Einfach auf dem Kissen, Tisch o. ä. hinterlassen. Ist ein praktisches Indiz für Ihre momentane Stimmung dem Partner gegenüber.

Copyright © 2001 arsEdition, München
Alle Rechte vorbehalten

Abdruck der Texte mit freundlicher Genehmigung des Droemer Knaur Verlags
Copyright © 2000 Droemer Knaur Verlag, München
Titel der Originalausgabe: Meike Winnemuth/Peter Praschl,
»Doppelpack. Die ultimative Gebrauchsanweisung für das Leben zu zweit«

Copyright © Illustrationen Kitty Kahane
Copyright © Lizenz durch Böll Concept, München

Layout, Satz und Herstellung: Kahane Design
Lithografie: LVD Berlin
Umschlaggestaltung: Kitty Kahane
Redaktion: Isabelle Fuchs

Der Verlag arsEdition dankt Frau Ingeborg Rose
für die Vermittlung der wunderbaren Autoren.

Printed in Germany

ISBN 3-7607-1867-1

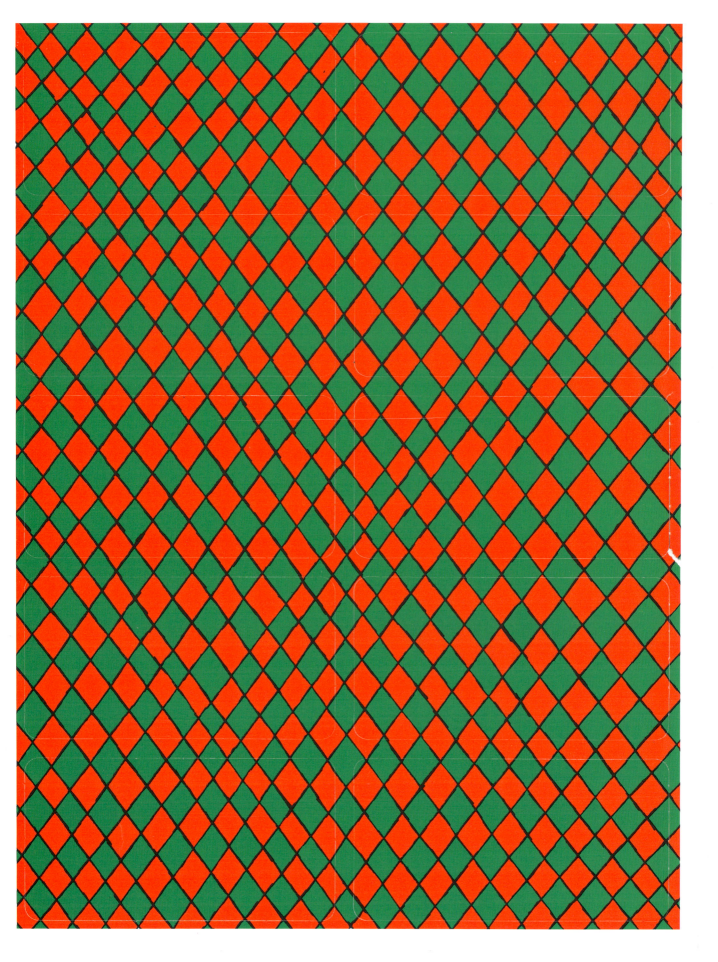